2500
idées de prénoms
pour filles et garçons

LES ÉDITIONS
POP

Maxence
Emmanuel
Manuel
Emilien

Nathan
Simon
Jules
Louis
Jonathan
Laurent
Eugène
Aurélien
Lambert
Ilan
Etienne

Nicolas
Léonard
Florent
Edmond
Liam
Bastien
Clarence
Eudes
Sébastien

Dépôts légaux :
Bibliothèque nationale du Québec
Bibliothèque nationale du Canada

Recherche et rédaction : Rudel Médias
Infographie : Dominique Roy
Graphisme de la couverture : Jessica Papineau-Lapierre

Imprimé au Canada
ISBN : 978-2-89638-882-0

Table des matières

Les prénoms les plus populaires depuis 2000

Au Québec, en France et en Belgique

Certains prénoms sont populaires en même temps au Québec, en France et en Belgique : c'est le cas de Léa, Alicia, Nathan ou Tristan. Dans ces trois pays francophones, pourtant, les différences sont nombreuses. On note un réel décalage pour des prénoms comme Manon ou Pauline, qui ne sont plus du tout populaires au Québec aujourd'hui, alors qu'ils se classent parmi les 50 plus attribués en France comme en Belgique.

Si le Québec compte plusieurs prénoms anglais ou d'inspiration anglaise, comme Émy, Joshua ou Tommy, la France et la Belgique ne sont pas en reste : Kevin et Dylan, par exemple, y sont de plus en plus courants. La Belgique, elle, trouve son originalité du fait de sa double culture wallonne et flamande. Elle nous offre une gamme de prénoms qui nous sont inconnus, comme Silke, Kato ou Femke pour les filles et Robbe, Lars ou Arne pour les garçons. Une nouvelle source d'inspiration.

On remarque que les prénoms classiques, comme Louise, Paul et Marie, et les prénoms médiévaux, comme Margaux et Thibault, sont plus appréciés de l'autre côté de l'Atlantique. Quant aux prénoms qui se terminent en « in », ils sont pratiquement inexistants au Québec (on y trouve moins de cinq Valentin, Aurélien ou Corentin par année), alors qu'ils sont très courants en France. Au Québec, par contre, des prénoms comme Rosalie ou Jacob se retrouvent parmi les 50 premiers, tandis qu'ils ont pratiquement disparu en France.

Québec

♀ Filles

Alexandra
Alexia
Alicia
Amélie
Annabelle
Ariane
Arianne
Audrey
Aurélie

Béatrice

Camille
Cassandra
Catherine
Charlotte
Chloé
Coralie

Daphné

Elizabeth
Élodie
Éloïse
Émilie
Emily
Emma
Émy
Erika
Ève

Florence
Frédérique

Gabrielle

Jade
Jessica
Juliette
Justine

Kelly-Ann
Kim

Laurence
Laurie
Léa
Léanne

Maïka
Marianne
Marilou
Mathilde
Maude
Maya
Megan
Mégane
Mélissa
Mélodie
Mia
Myriam

Noémie

Océane

Rebecca
Rosalie
Rose
Roxanne

Sabrina
Sandrine
Sara
Sarah
Sarah-Maude
Sophie
Stéphanie

Valérie
Vanessa
Victoria

Zoé

♂ Garçons

Adam
Alex
Alexandre
Alexis
Anthony
Antoine

Benjamin
Brandon

Cédric
Charles
Christopher

David
Derek
Dylan

Édouard
Elliot
Émeric
Émile
Étienne

Félix
Francis
Frédéric

Gabriel
Guillaume

Hugo

Isaac

Jacob
Jason
Jérémie
Jérémy
Jérôme
Joey
Jonathan
Jordan
Joshua
Julien
Justin

Kevin

Loïc
Louis
Lucas
Ludovic

Marc-Antoine
Mathieu
Mathis
Matis
Matthew
Maxime
Michaël

Nathan
Nicolas

Olivier

Philippe

Raphaël

Samuel
Sébastien
Simon

Thomas
Tommy
Tristan

Victor
Vincent

William

Xavier

Zachary

Nos choix

♀ Filles

Charlotte

Étymologie : germanique. Dérivé de Charles, de *karl*, viril.

Autres dérivés : Arlène, Arlette, Carla, Carole, Caroline, Charline, Lola, Lolita

Traits dominants : Elle fonctionne par coups de foudre, autant dans sa vie professionnelle que dans sa vie personnelle. Elle est combative et déterminée lorsqu'elle veut obtenir quelque chose... ou quelqu'un ! Sous des dehors éthérés, elle a un côté clown qui surprend ceux qui ne la connaissent pas. Elle garde un côté enfantin jusqu'à un âge avancé.

Marianne

Étymologie : hébraïque. De *mar-yam*, goutte de mer, et *hannah*, grâce.

Traits dominants : Sociable, quelquefois même mondaine, elle est expansive et chaleureuse. Toutefois, elle tient à préserver son indépendance. Elle est une bonne communicatrice.

Victoria

Étymologie : latine. De *victor*, vainqueur.

Dérivés : Victoriane, Victorine, Victorienne, Vicki, Vicky, Vitiana

Traits dominants : Vive, intelligente, spirituelle, elle attire facilement les regards... et elle adore ça ! Pour elle, la séduction est un jeu et elle n'en mesure pas toujours toutes les conséquences... Elle ne s'épanouit dans son travail que si elle s'y sent libre.

♂ Garçons

Édouard

Étymologie : germanique. De *ed*, richesse, et *waeden*, garder.

Traits dominants : Il a beaucoup de charisme et beaucoup d'atouts pour réussir. C'est un être raffiné et cultivé, doublé d'un humaniste. La vie de couple ne l'intéresse pas a priori. Heureusement, peut-être, car ses sautes d'humeur ne sont pas faciles à vivre !

Elliot

Étymologie : hébraïque. Forme anglo-saxonne d'Élie, de *el Yah*, Seigneur Dieu.

Traits dominants : Sympathique, ouvert, très à l'aise en société, il a la parole facile et possède l'art de convaincre. Il aime diriger des projets, prendre des responsabilités. Sa famille est très importante pour lui.

Lucas

Étymologie : latine. Dérivé de Luc, de *lux*, lumière.

Traits dominants : Il est fidèle en amitié comme en amour. Il n'est pas expansif et apprécie la solitude, mais il ne vit pas en reclus pour autant. Il aime se plonger dans l'étude, la lecture. Il a un esprit scientifique et analytique.

Mathieu, etc.

Mathieu était un des prénoms les plus donnés au 20e siècle. Et il est toujours au top à notre époque, et dans plusieurs de ses variantes : Mathias, Mathis, Matis, Mattéo… Ce prénom indémodable vient de l'hébreu *mattaï*, don, et *Yâh*, Dieu. Autrement dit, cadeau de Dieu. Quelques autres dérivés : Matthieu, Matthias, Mat, Matt, Mattew, Matthew, Matias, Mattie. Un dérivé féminin, encore peu usité : Mattea.

2500 idées de prénoms pour filles et garçons

France

♀ Filles

Agathe
Alexia
Alice
Alicia
Amandine
Amélie
Anaïs
Aurélie
Axelle

Camille
Carla
Célia
Charlotte
Chloé
Claire
Clara
Clémence
Coline

Élisa
Élise
Émilie

Emma
Eva

Inès

Jade
Jeanne
Julie
Juliette
Justine

Laura
Laurine
Léa
Lena
Lisa
Lola
Louise
Lucie

Maeva
Manon
Margaux

Margot
Marie
Marine
Marion
Mathilde
Mélanie
Mélissa
Morgane

Noémie

Océane

Pauline

Romane

Sarah

Valentine

♂ Garçons

Adrien
Alexandre
Alexis
Anthony

Antoine
Arthur
Aurélien
Axel

Baptiste
Bastien
Benjamin

Clément
Corentin

Dorian
Dylan

Enzo

Florian

Guillaume

Hugo

Jérémy
Jules
Julien

Kevin

Léo
Loïc
Louis

Lucas

Mathieu
Mathis
Mattéo
Maxence
Maxime

Nathan
Nicolas

Paul
Pierre

Quentin

Raphaël
Rémi
Romain

Samuel
Simon

Théo
Thibault
Thomas
Tom
Tristan

Valentin
Victor
Vincent

William

Des prénoms rajeunis

Bien des prénoms tombés aujourd'hui en désuétude renaissent sous des formes rajeunies, souvent des diminutifs qui deviennent des prénoms à part entière. C'est le cas de Dorian qui, malgré les apparences, est une variante de Théodore (comme Théo). Le Dorian le plus célèbre est sans doute le protagoniste du roman d'Oscar Wilde, *Le Portrait de Dorian Gray*.

C'est aussi le cas d'Émeric (variantes Éméric ou Aymeric, féminin Émerika), un prénom dont l'étymologie est germanique (*haim*, foyer, et *rik*, roi). Saint Émeric, né en 1007, fils du premier roi chrétien de Hongrie, mourut avant de devenir roi. Il fut canonisé en même temps que son père, saint Étienne.

Nos choix

♀ Filles

Célia

Étymologie : latine. Dérivé de Cécile, de *caecus,* aveugle.

Traits dominants : Sa fidélité envers ses amis est indéfectible. Elle est ouverte et franche, et va droit au but. Elle a tendance à la rêverie et à disperser son énergie. C'est une artiste qui reste dilettante car elle consacre la majorité de son temps à ses enfants.

Inès

Étymologie : latine. Dérivé d'Agnès, de *agnus,* agneau, pureté.

Traits dominants : Elle est entourée d'une véritable aura de séduction. Elle est sophistiquée, raffinée et mondaine. Sa vie est souvent trépidante. Elle choisira de préférence une profession qui lui permettra de voyager.

Théo et Théa : des origines multiples

Est-ce que Théa est le pendant féminin de Théo ? Peut-être, si l'on considère qu'ils sont tous les deux des variantes de Théodore (du grec *theos*, dieu, et *dorôn*, don). Mais Théa est aussi une variante diminutive de Dorothée et il exista une sainte Théa, une martyre morte vers 307 à Gaza, en Palestine. Quant à Théo, c'est également une variante de Théau. Saint Théau vécut au 7e siècle ; après avoir été vendu comme esclave, il fut racheté par saint Éloi et devint moine. Ces deux prénoms n'auraient peut-être donc pas la même origine… Quoi qu'il en soit, Théo est aujourd'hui un prénom à part entière et un des prénoms qui montent en flèche. Et Théa le rattrape à grands pas !

Lola

Étymologie : latine ou germanique. Dérivé diminutif de plusieurs prénoms. De Violette (de *viola*, violette), de Louise (de *chlodwig*, glorieux combattant), de Dolorès (de *dolor*, douleur) ou de Charlotte (de *karl*, viril).

Traits dominants : Elle séduit tous ceux qui l'approchent. Elle est belle et intense. Elle semble brûler d'un feu intérieur. Elle a besoin d'aimer et d'exprimer sa créativité, sinon elle s'éteint.

♂ Garçons

Anthony

Étymologie : latine. Forme anglo-saxonne d'Antoine, de *antonius*, inestimable.

Traits dominants : Il est volubile, extraverti. Sa grande curiosité le pousse à l'éclectisme, au risque de se disperser. C'est un orgueilleux qui supporte très mal l'échec. Il est très conscient de son charme, ce qui lui en enlève un peu…

Nathan

Étymologie : hébraïque. De *natan*, donner.

Traits dominants : Sa timidité lui donne parfois un air distant. En fait, dès qu'il se sent à l'aise, c'est un compagnon charmant et plein d'humour. Il est assez traditionnel : fonder une famille est très important pour lui. C'est un scientifique doublé d'un poète.

Raphaël

Étymologie : hébraïque. De *repha-el*, Dieu guérit.

Traits dominants : C'est un romantique et un sentimental. Il a un grand besoin de sécurité affective pour s'épanouir. Les arts l'attirent car sa créativité est grande. Mais il choisit souvent une profession qu'il juge plus stable à cause de sa grande insécurité.

Belgique

♀ Filles

Alicia
Amandine
Amber
Amélie
Anaïs
Axelle

Britt

Camille
Céline
Charlotte
Chloé
Clara

Éline
Élisa
Élise
Ellen
Émilie
Emma
Eva

Femke
Fien
Fleur

Hanne

Inès

Jade
Jana
Jolien
Julie
Juliette
Justine

Kato

Lara
Laura
Laure
Léa
Lisa
Lola
Lore
Lotte
Louise
Lucie
Luna

Manon

Margaux
Margot
Marie
Marine
Merel
Morgane

Nina
Noémie

Océane

Pauline

Sara
Sarah
Silke
Sophie

Valentine
Victoria

Yasmine

Zoé

Quel est le prénom le plus souvent attribué sur la planète ?
Mohamed.

♂ Garçons

Adrien
Alexandre
Anthony
Antoine
Arnaud
Arne
Arthur
Axel

Benjamin
Bram
Brent
Bryan

David
Dylan

Florian

Gilles
Guillaume

Hugo

Jarne
Jason
Jasper

Jelle
Jens
Jonas
~~Jonathan~~
Julien

Kevin
Kobe

Lars
Loïc
~~Louis~~
Luca
Lucas

Martin
Mathias
Matthias
Maxim
Maxime
Michiel
Milan
Mohamed

~~Nathan~~
~~Nicolas~~
Niels

Noah

Quentin
Quinten

Robbe
Robin
Romain
Ruben

Sam
Samuel
Senne
Seppe
~~Simon~~

Théo
Thibault
Thomas
Tom
Tristan

Victor
Vincent

Wout

Au Québec, de combien de temps dispose-t-on pour déclarer la naissance de son enfant ?
De 30 jours après sa naissance

Nos choix

♀ Filles

Anaïs

Étymologie : hébraïque. Dérivé d'Anne, de *hannah*, grâce.

Traits dominants : Elle est douce et rêveuse mais, sous des dehors presque fragiles, c'est une femme forte, énergique et combative. Elle a une âme de pionnière.

Luna

Étymologie : latine. De *luna*, lune.

Traits dominants : Elle a un caractère changeant. Forte et vulnérable, secrète et exubérante, douce et violente, elle n'est pas facile à suivre ! Mais son charme arrange tout...

Margaux

Étymologie : persane. Dérivé de Marguerite, de *margiritis*, perle.

Traits dominants : Elle est douce et gentille, mais elle a un petit côté snob qui agace. Elle n'aime pas le train-train de la vie quotidienne et recherche sans cesse la nouveauté. Elle adore recevoir ses amis et ses fêtes sont mémorables.

♂ Garçons

Jonas

Étymologie : hébraïque. De *yonah*, colombe.

Traits dominants : C'est un solitaire qui aime sortir des sentiers battus. Sa curiosité est toujours en éveil. Même s'il a peur, il fonce et prend des risques. En amour, il est infidèle par conviction : il refuse de ne pas vivre toutes les expériences qui s'offrent à lui.

Mathias

Étymologie : hébraïque. De *mattaï*, don, et *Yah*, Dieu.

Traits dominants : Il est d'une gentillesse et d'une générosité débordantes. Son esprit logique et son imagination hors du commun font de lui un excellent détective, un avocat hors pair ou un grand chercheur.

Samuel

Étymologie : hébraïque. De *shemu'el*, son nom est Dieu.

Traits dominants : Il est calme et réfléchi. C'est un homme de parole sur qui l'on peut compter, quoi qu'il arrive. Il a de nombreux amis. Il ne cherche pas le grand amour mais, lorsqu'il le trouve, il n'hésite pas à remettre en question ses habitudes.

Maeva

Ce joli prénom a une origine kanake (*maeva* signifie bienvenue). Courant en Nouvelle-Calédonie, il est apparu en France vers 1975, où il semble bien établi au top 50. On peut l'écrire avec ou sans accent aigu. Une variante : Maevia. Pour certains, Maeva est une variante de Maia, au même titre que May, Maya, Maïa, Mae ou Maisy. Dans la Rome antique, la déesse Maia, fille d'Atlas et de Pléioné, était la mère de Mercure. Dans la mythologie romaine, elle était l'incarnation du printemps.

La vie d'un prénom

Un prénom a une durée de vie d'une quarantaine d'années. On dit qu'un prénom est «en vie» lorsque environ 2 % de la population le porte. On peut décomposer la vie d'un prénom en cinq phases :

- La naissance : cette période, qui voit l'émergence d'un prénom (nouveau ou redécouvert), dure dix ans.

- L'enfance : pendant environ cinq ans, le prénom est en pleine croissance, de plus en plus de gens l'adoptent !

- L'âge adulte : pendant les cinq ans de cette période, le prénom est courant.

- La vieillesse : le prénom commence à se fatiguer, on s'intéresse de moins en moins à lui. Cette période dure un peu moins de dix ans.

- La mort : l'agonie est longue, le prénom prend une dizaine d'années à mourir...

Ensuite, comme la Belle-au-bois-dormant, il s'endort pendant 100 ans. Relégué aux oubliettes, on le trouve risible, vieillot, désuet... Il attend tranquillement qu'on le ressuscite.

Les prénoms qui évoquent la nature

Une clairière ensoleillée, le parfum enivrant d'une fleur, une corbeille de fruits frais sur une table de jardin… Voilà autant de tableaux qui viennent à l'esprit quand on entend « Narcisse » ou « Clémentine ». Plusieurs prénoms, surtout féminins, s'inspirent de noms de fleurs ou de fruits. Et ce, depuis la Révolution française.

Les prénoms que vous trouverez ici ne sont pas toujours étymologiquement dérivés de la nature, mais ils l'évoquent par leur sonorité ou par leur sens (en entendant Agnan ne pensez-vous pas à un adorable petit agneau?). Les vents, les astres, les pierres, l'eau sont aussi des sources d'inspiration très actuelles, comme l'indique la popularité de Jade ou d'Océane, par exemple, au Québec comme en France et en Belgique.

Animaux

♂ Garçons

Agnan	Falcon	Loup
Castor	Léo	Orso
Corneille	Léon	Orson
	Léonce	Ours
Delphin	Léonard	
	Lionel	Wolfgang

♀ Filles

Abeille	Hermine	Lionella
Abélia		
Agnès	Léa	Oursa
	Léone	
Colombe	Leona	Paloma
Colombine	Léonia	
Cornélia	Léonie	Ursa
Cornélie	Léonore	Ursule
	Léontine	Ursula
	Lio	
Delphine	Lionia	

Léo et Léa

Voici les formes actuelles de Léon, un prénom qui remonte au 5ᵉ siècle avant notre ère. Léon est le nom de treize papes et de six empereurs. C'est le prénom du grand écrivain russe Tolstoï ou d'hommes politiques comme Trotski, Blum ou Gambetta. Les Léon, Léone, Léonie, Léo, Léa, Lionel, Léonore, Léontine ou Léonard sont, à l'image du roi des animaux, calmes, majestueux, imposants. Ils ont sur leur entourage un grand ascendant. Mais Léo et Léa ont, en plus, ce je-ne-sais-quoi qui leur gagne tous les cœurs.

Orso, Orson et Oursa

Ces prénoms rares sont des dérivés d'Ursule (du latin *ursus,* ours). Quelques autres variantes : Ursi, Urso, Ursy, Uschi, pour les garçons ; Orsola, Oursoula, Ursuline, Urzula, pour les filles. La version corse et germanique de ce prénom, Ursula, est empreinte du charisme de l'actrice Ursula Andress, révélée au cinéma dans les années soixante. Quant au prénom Orson, il a été immortalisé par le réalisateur de *Citizen Kane*, Orson Welles.

Fleurs et plantes

♂ Garçons

Ambroise	Gentiane	Narcisse
Anicet		
	Jasmin	Olivier
Florent		
Florentin	Laurent	Sylvain
Florian	Lin	Sylvestre
Florimond	Lotus	
Floris		

♀ Filles

Amaryllis	Dahlia	Florange
Anémone	Daphné	Flore
Angélique		Florelle
Azalée	Églantine	Florence
		Florentine
Bégonia	Fleur	Floriane
	Fleurange	Florimonde
Camélia	Fleurette	
Cannelle	Flora	Gentiane
Capucine	Floraine	

Garou et Daphné

Si vous avez déjà songé à appeler votre futur petit garçon Garou, du nom de votre chanteur préféré, et que vous avez hésité en pensant au loup-garou, cette créature maléfique mi-homme mi-loup errant la nuit, sachez que le garou est une variété de daphné, un arbrisseau à feuilles persistantes et à floraison blanche ou rose… Garou et Daphné, parfaits pour des jumeaux!

Hortense	Mélisse	Rosy
Hortensia	Mélissa	
	Muguette	Silva
Iris	Myrtille	Silvia
		Sylvia
Jacinthe	Pâquerette	Sylvianne
Jasmine	Pervenche	Sylvie
	Pivoine	
Laure		Valéria
Laura	Rosa	Valérianne
Liane	Rosalba	Valérie
Lila	Rosalie	Vanille
Lili	Rosalina	Véronique
Lilia	Rosaline	Viola
Liliane	Rosalinde	Violette
Lis	Rosana	
Lise	Rose	Yasmine
Lison	Roseline	
Lotus	Rosemarie	Zinia
	Rosemonde	
Marguerite	Rosie	
Marjolaine	Rosine	
Mélia	Rosita	

Sous la révolution française

Giroflée est un des prénoms végétaux qui ont vu le jour sous la Révolution française, avec, entre autres, Tulipe, Oignon, Primevère, Lentille, Basilic, Houblon et Thym…. Il se voulait masculin et féminin, mais semble n'avoir été donné qu'une fois, en 1794, au fils d'un menuisier.

Fruits

♀ Filles

Amanda
Amandine
Aveline

Bergamote

Cerise
Clémentine

Framboise

Mirabelle
Myrtille

Oliva
Olive
Olivia

Oliviane

Pomme
Prune
Prunelle

Reinette

Clémentine

Si le prénom Clémentine vient, comme Clément et Clémence, du latin *clementia*, douceur, bonté, il ne se trouve pas dans notre liste à cause de son étymologie, mais à cause de sa signification. Saviez-vous que la clémentine, ce petit fruit voisin de la mandarine, doit son nom au père Clément, directeur des cultures de l'orphelinat d'Oran, en Algérie, qui l'inventa par hasard en 1902, en croisant la mandarine et l'orange amère? Les Clémentine sont plus extraverties que les Clémence. Elles sont enjouées, fonceuses, quelquefois même de véritables tornades! Mais elles ont le cœur sur la main et elles sont toujours prêtes à aider les autres.

L'eau

♂ Garçon

Marin   Océan

♀ Filles

Marina   Océane   Rosée
Marine   Ondine
Marinella

Les pierres

♂ Garçons

Aurélien   Pierre   Topaze

♀ Filles

Agatha   Esméralda   Orianna
Agathe   Orianne
Ambra   Jade
Ambre   Perline
Aura   Marie-Pier   Petra
Aure   Marie-Pierre
Auréa   Mica   Ruby
Aurélie
Aurélienne   Ombeline
Auriane   Ora

Agathe et Agate

Ce prénom vient du grec *agatha*, qui signifie femme bonne. Sainte Agathe était une martyre qui mourut en 251 après d'atroces souffrances. La pierre précieuse, elle, tire son nom du grec *akhatès*, ancien nom d'une rivière de Sicile, près de laquelle on la trouvait. Les Égyptiens, les Grecs et les Romains l'utilisaient pour fabriquer des bijoux. Les Romains utilisaient l'agate pour favoriser l'abondance des moissons, les Grecs lui octroyaient le pouvoir de lutter contre la déshydratation, et les musulmans mélangeaient de la poudre d'agate à du jus de pomme pour guérir les troubles mentaux et les délires. L'agate a presque des pouvoirs magiques! Alors, lorsqu'on entend le prénom Agathe (ou sa variante Agatha), ne vaut-il pas mieux l'associer à cette magnifique pierre?

L'air, la terre, le vent et les étoiles

♂ Garçons

Albin	Célestin	Saturnin
Ange		Séraphin
Astère	Orion	
Azure		Zéphirin

♀ Filles

Alba	Astrid	Célestine
Alizé	Aube	
Angèle	Aurore	Estelle
Angéline		
Astrée	Céleste	Gaia

Louna
Luna

Marie-Lune
Marie-Soleil

Marisol
Olympe
Olympia

Séraphine

Solange
Stella

Tara

Tara et Gaia

Tara est un derivé de Thérèse. Tout comme Tess, Tessa, Tessie, Terez, Teresa, Teri, Terka, Tracy, Resi, Resia, Resli… Thérèse vient du grec *Therasia*, habitant(e) de l'île de Thera. Nous avons inclus Tara dans notre liste, non pas à cause de son étymologie, mais parce que, par sa sonorité, ce prénom évoque le mot « terre ».

Quant à Gaia, c'est le nom de la désesse grecque de la Terre mère, connue aussi sous le nom de Gê. Unie à Ouranos, elle donna naissance aux Titans, aux Cyclopes et aux monstres marins.

Bleu pour les garçons, rose pour les filles

Dans l'Antiquité, pour protéger les bébés du mauvais sort, on les habillait de bleu, une couleur qui était censée repousser les mauvais esprits. On prêtait au bleu, couleur du ciel, des propriétés magiques. À l'époque, comme les petits garçons comptaient plus que les petites filles, on prenait plus de soin à les protéger et c'est ainsi que la couleur bleue leur a été associée. C'est plusieurs siècles plus tard que l'on a associé le rose aux filles, à cause de la légende selon laquelle les petites filles naîtraient dans les roses.

Nos choix

♀ Filles

Léonie

Étymologie : latine. De *leo*, lion.

Dérivés : Léona, Léonne, Léonia, Léontine

Traits dominants : Elle a confiance en elle. Elle sait où elle va et elle y va sans dévier de la route qu'elle s'est tracée. C'est une femme d'action. Elle fait toujours en sorte que sa raison prime sur ses émotions.

Iris

Étymologie : grecque. De Iris, déesse messagère des dieux.
Traits dominants : Elle a la bougeotte! Elle ne rêve que de voyages et de découvertes. Elle a un don pour les langues étrangères et choisit de préférence une profession à l'international. Elle est sociable, mais privilégie les liens profonds et durables aux relations de salon.

Rose

Étymologie : latine. De *rosa*, rose.

Dérivés : Rosa, Rosie, Rosy, Rosalie, Roseline, Rosita, Rosalba, Rosane

Traits dominants : Belle, intelligente, volontaire, c'est une dirigeante-née. Ses relations amoureuses sont rares, mais intenses.

♂ Garçons

Célestin

Étymologie : latine. Dérivé de Céleste, de *caelestis*, divin.

Traits dominants : Charmant et bavard en société, c'est un compagnon très agréable en société. Il sait cependant garder un secret et ses amis peuvent compter sur sa loyauté et sa discrétion. Il a du mal à se plier à la discipline et à s'intégrer à un groupe. Il est indépendant.

Loup

Étymologie : latine. De *lupus*, loup.

Traits dominants : C'est un coureur de jupons ! Il aime faire la fête et, grand seigneur, c'est souvent lui qui régale. Le travail n'est pas essentiel dans sa vie et, comme il est dispersé, il arrive difficilement à terminer ce qu'il a commencé.

Olivier

Étymologie : latine. De *oliva*, olive.

Traits dominants : Tolérant et conciliant, diplomate et ouvert, il mène sa vie professionnelle de façon rationnelle et décontractée. Sa vie affective est plus chaotique car il passe de coup de cœur en coup de cœur. Il n'a d'ailleurs pas envie de se fixer avant un âge avancé.

> Combien de prénoms le Directeur de l'état civil
> recommande-t-il de donner à notre enfant au maximum ?
> Quatre

Prénoms de stars : l'aura de la célébrité

Donner le prénom d'une personnalité en vue à son enfant n'est pas un phénomène nouveau. Il fut un temps où bien des petits Napoléon et bien des petites Joséphine voyaient le jour! Mais il est certain qu'à notre époque nous sommes littéralement «sous influence» lorsque vient le temps de choisir un prénom pour bébé! Voici des prénoms de stars des arts, de la littérature, du sport et de la politique, choisis pour leur originalité ou parce que celui ou celle qui le porte (ou le portait) est un incontournable. Recevoir le nom d'une diva, d'un écrivain ou d'un acteur célèbre, c'est naître sous une bonne étoile!

♀ Filles

Agatha (Christie)	écrivain
Amalia (Rodrigues)	chanteuse
Anaïs (Nin)	écrivain
Anémone	actrice
Angelina (Jolie)	actrice
Anita (Ekberg)	actrice
Anouck (Aimée)	actrice
Antonine (Maillet)	écrivain
Arsinée (Khanjian)	actrice
Asia (Argento)	actrice et réalisatrice
Audrey (Tautou)	actrice

Ava (Gardner)	actrice
Avril (Lavigne)	chanteuse
Axelle (Red)	chanteuse
Banana (Yoshimoto)	écrivain
Barbara	chanteuse
Berthe (Morisot)	peintre
Brigitte (Bardot)	actrice
Bulle (Ogier)	actrice
Calista (Flockhart)	actrice
Camille (Claudel)	sculpteur
Céline (Dion)	chanteuse
Charlize (Theron)	actrice
Charlotte (Gainsbourg)	actrice
Chiara (Mastroianni)	actrice
Chimène (Badi)	chanteuse
Claudia (Schiffer)	mannequin
Colette	écrivain
Dalida	chanteuse
Édith (Piaf)	chanteuse
Edwige (Feuillère)	actrice
Ella (Fitzgerald)	chanteuse
Elle (Macpherson)	mannequin
Elke (Sommer)	actrice
Emmanuelle (Béart)	actrice
Fanny (Ardant)	actrice
Gabriela (Mistral)	poète
Gala (Dali)	muse
Grace (Kelly)	actrice
Greta (Garbo)	actrice

Inès (de la Fressange)	designer
Ingrid (Bergman)	actrice
Isabelle (Adjani)	actrice
Isadora (Duncan)	danseuse
Janis (Joplin)	chanteuse
Jennifer (Lopez)	chanteuse et actrice
Julia (Roberts)	actrice
Juliana	reine des Pays-Bas
Karine (Viard)	actrice
Kim (Bassinger)	actrice
Lætitia (Casta)	mannequin et actrice
Lara (Fabian)	chanteuse
Liv (Tyler)	actrice
Lorie	chanteuse
Lou (Doillon)	actrice
Louise (Brooks)	actrice
Ludivine (Sagnier)	actrice
Margaret (Atwood)	écrivain
Marguerite (Duras)	écrivain
Marilyn (Monroe)	actrice
Marina (Foïs)	actrice
Mathilde (Seigner)	actrice
Milla (Jovovich)	mannequin et actrice
Monica (Bellucci)	actrice
Mylène (Farmer)	chanteuse
Myrna (Loy)	actrice
Natasha (St-Pier)	chanteuse
Nicole (Kidman)	actrice
Oprah (Winfrey)	présentatrice
Ornella (Muti)	actrice

Pamela (Anderson)	actrice
Paris (Hilton)	célébrité
Penélope (Cruz)	actrice
Pina (Bausch)	chorégraphe
Romane (Bohringer)	actrice
Rosa (Luxemburg)	révolutionnaire
Romy (Schneider)	actrice
Salma (Hayek)	actrice
Sarah (Bernhard)	actrice
Serena (Williams)	joueuse de tennis
Simone (de Beauvoir)	écrivain
Tamara (de Lempicka)	peintre
Tonie (Marshall)	cinéaste
Uma (Thurman)	actrice
Ursula (Andress)	actrice
Vanessa (Paradis)	chanteuse et actrice
Venus (Williams)	joueuse de tennis
Victoria (Abril)	actrice
Virginia (Woolf)	écrivain
Winona (Ryder)	actrice
Zelda (Fitzgerald)	femme de F. Scott Fitzgerald, écrivain

Si vous trouvez le prénom de votre idole trop banal, pourquoi ne pas donner son nom de famille comme prénom à votre enfant?

On a vu naître au Québec ses dernières années des petits Alou, Bach, Balzac, Bono, Gretzky, Lennon, Molière, Nelligan, Platon, Rostand et Zola!

♂ Garçons

Abraham (Lincoln)	homme politique
Aimé (Césaire)	écrivain
Alain (Delon)	acteur
Albert (Einstein)	physicien
Alec (Baldwin)	acteur
Alfred (Hitchcock)	réalisateur
Andrei (Tarkovski)	réalisateur
Andy (Warhol)	peintre et cinéaste
Ansel (Adams)	photographe
Antonin (Artaud)	écrivain
Antonio (Banderas)	acteur
Aristide (Bruant)	chansonnier
Arnold (Schwarzenegger)	acteur et homme politique
Arthur (Rimbaud)	poète
Arto (Paasilinna)	écrivain
Auguste (Rodin)	sculpteur
Axel (Bauer)	chanteur
Bela (Bartok)	compositeur
Benicio (del Toro)	acteur
Blaise (Cendrars)	écrivain
Bob (Marley)	chanteur
Boris (Vian)	écrivain
Chaïm (Soutine)	peintre
Dario (Fo)	dramaturge
David (Beckham)	joueur de soccer
Denzel (Washington)	acteur
Diego (Maradona)	joueur de soccer
Duke (Ellington)	jazzman
Edgar Allan (Poe)	écrivain

Edmond (Rostand)	auteur dramatique
Édouard (Manet)	peintre
Egon (Schiele)	peintre
Elia (Kazan)	cinéaste
Elvis (Presley)	chanteur
Émile (Zola)	écrivain
Enrique (Iglesias)	chanteur
Éric (Tabarly)	navigateur
Ernest (Hemingway)	écrivain
Eugène (Ionesco)	dramaturge
Fabrice (Luchini)	acteur
Félix (Leclerc)	chanteur
Fritz (Lang)	réalisateur
Gustave (Klimt)	peintre
Honoré (de Balzac)	écrivain
Humphrey (Bogart)	acteur
Ingmar (Bergman)	réalisateur
Jean-Luc (Godard)	réalisateur
Jimi (Hendrix)	guitariste et chanteur
Jules (Verne)	écrivain
Keanu (Reeves)	acteur
Lance (Armstrong)	cycliste
Léonard (de Vinci)	peintre et savant
Lilian (Turham)	joueur de soccer
Louis-Ferdinand (Céline)	écrivain
Marcel (Proust)	écrivain
Marcello (Mastroianni)	acteur
Martin (Scorsese)	réalisateur

Michelangelo (Antonioni)	réalisateur
Mick (Jagger)	chanteur
Napoléon (Bonaparte)	empereur
Nikita (Kroutchev)	homme politique
Noam (Chomsky)	linguiste, philosophe et activiste
Orson (Welles)	réalisateur et acteur
Oscar (Wilde)	écrivain
Otto (Preminger)	réalisateur
Pablo (Neruda)	poète
Pâris (Bordone)	peintre
Pelé	joueur de soccer
Primo (Levi)	écrivain
Quentin (Tarantino)	réalisateur
Raphaël	peintre
Raymond (Chandler)	écrivain
Renaud	chanteur
Ringo (Starr)	musicien
Roman (Polanski)	réalisateur et acteur
Rudolf (Noureïev)	danseur
Rufus Wainwright	chanteur
Salvador (Allende)	homme politique
Samuel (Beckett)	dramaturge
Sean (Connery)	acteur
Sidney (Bechet)	jazzman
Tristan (Tzara)	écrivain
Valéry (Giscard d'Estaing)	homme politique
Victor (Hugo)	écrivain
Vincent (Van Gogh)	peintre

Virgile	poète latin
Vladimir (Nabokov)	écrivain
Walter (Benjamin)	philosophe
Woody (Allen)	acteur et réalisateur
Yannick (Noah)	chanteur et ex-champion de tennis
Youri (Gagarine)	astronaute
Zachary (Richard)	chanteur
Zinédine (Zidane)	joueur de soccer

Nos choix

♀ Filles

Romy

Étymologie : latine. Dérivé de Romaine, de *romanus*, romain.

Autre dérivé : Romane

Traits dominants : Elle a une grâce juvénile qui la suit tout au long de sa vie. La cour de ses admirateurs est grande. C'est une timide qui n'hésite pas à foncer lorsqu'elle estime que le jeu en vaut la chandelle.

Tamara

Étymologie : hébraïque. De *thamar*, palmier.

Dérivés : Tamar, Tammie

Traits dominants : Elle a l'air d'une reine et semble avoir les pouvoirs magiques d'une fée! Si elle a l'air de planer au-dessus du commun des mortels, c'est qu'elle est dans son monde intérieur. Elle choisit souvent une profession artistique.

Zelda

Étymologie : grecque. Dérivé de Zoé, de *zoè*, vie.

Autres dérivés : Zéa, Zoa, Zéla, Zoélie

Traits dominants : Elle est charmeuse, légère, toujours en mouvement. On dirait qu'elle est perpétuellement en vacances tant elle semble ne pas se soucier du quotidien. La rencontre du grand amour lui apporte la stabilité.

♂ Garçons

Ernest

Étymologie : germanique. De *ernst*, grave, sérieux.

Traits dominants : Passionné et jaloux, il a tendance à mettre l'être aimé sur un piédestal. Il est attaché aux traditions, mais est ouvert aux différences et n'aime pas les convenances. Il est généreux et attentif aux besoins des autres.

Félix

Étymologie : latine. De *felix*, heureux.

Dérivé : Félicien

Traits dominants : C'est un introverti et un esprit libre. Il fuit l'ordre et la discipline. Sa sensibilité aux problèmes du monde le rend parfois pessimiste, lui qui ne rêve que de bonheur paisible. Il a une âme d'artiste.

Vladimir

Étymologie : slave. De *vladi*, souverain, et *mir*, paix.

Traits dominants : Raffiné et flamboyant, il est toutefois réservé de prime abord. Sérieux et perfectionniste, c'est un travailleur acharné qui est rarement satisfait de lui-même. Il est indépendant.

Bébés de stars : des prénoms originaux, poétiques... ou classiques

♀ Filles

Adèle	Sandrine Bonnaire
Alice	Élise Marquis et Marc Déry
Apple	Gwyneth Paltrow
Ava Elizabeth	Reese Witherspoon et Ryan Phillipe
Bella	Nicole Kidman et Tom Cruise
Cameron	David Hallyday
Clara	Ewan McGregor
Claudia Rose	Michelle Pfeiffer
Clementine	Claudia Shiffer
Coco Riley	Courtney Cox et David Arquette
Delphine	Véronique Cloutier
Deva	Vincent Cassel et Monica Bellucci
Dune	Marie Gillain
Elettra	Isabella Rosselini
Ella	Ben Stiller et Christine Taylor
Esther	Ewan McGregor
Gloria	David Hallyday

Grace	Ewan McGregor
Hazel	Julia Roberts
Ilona	David Hallyday
Isadora	Bjork
Jade	Johnny Halliday
Jaz	Steffi Graf et Andre Agassi
Jeanne	Miou Miou
Joséphine	Fanny Ardant
Lila	Virginie Ledoyen
Lili Rose	Vanessa Paradis et Johnny Depp
Lilly Margaret	Stephanie Seymour
Liv	Julianne Moore
Lola	Isabelle Huppert
Lorca	Leonard Cohen
Lourdes	Madonna
Maïa	Hélène Segara
Makena Lei	Helen Hunt
Manon	Thierry Ardisson
Marguerite	Karine Viard
Marina	Sylvie Vartan
Maya	Uma Thurman
Mercedes	Val Kilmer
Mia	Kate Winslet
Morgan	Roman Polanski et Emmanuelle Seigner
Nelly	Emmanuelle Béart
Nico	Thandie Newton
Nine	Inès de la Fressange
Ninon	Thierry Ardisson
Puma	Erykah Badu
Roxanne	Nagui

Sam	Denise Richard et Charlie Sheen
Sascha	Jerry Seinfeld
Satine	Luc Besson
Satheene	Lætitia Casta
Simone	Karine Viard
Stella	Antonio Banderas
Stella-Rose	Mitsou
Talia	Luc Besson
Violette	Inès de la Fressange
Ysia	Jacques Higelin
Zahra Savannah	Chris Rock
Zelda	Robin Williams

♂ Garçons

Aurélien	Carla Bruni
Barnabé	Isabelle Adjani
Billy	Helena Bonham-Carter et Tim Burton
Brooklyn	David et Victoria Beckham
Cruz	David et Victoria Beckham
Dashiell	Cate Blanchett
Deacon	Reese Witherspoon et Ryan Phillipe
Elvis	Roman Polanski et Emmanuelle Seigner
Gabriel-Kane	Isabelle Adjani et Daniel Day-Lewis
Gaston	Thierry Ardisson
Gulliver	Gary Oldman

Homer	Richard Gere
Inca	Florent Pagny
Indianna August	Casey Affleck et Summer Phoenix
Jack	Vanessa Paradis et Johnny Depp
Jaden	Steffi Graf et Andre Agassi
Joalukas	Yannick Noah
Joe	Kate Winslet et Sam Mendes
Johan	Emmanuelle Béart
Julian	Jerry Seinfeld
Justin	Véronique Cloutier
Kaiis	Geena Davis
Kaspar	Claudia Shiffer
Kian	Geena Davis
Killian	Roch Voisine
Lazare	Marina Foïs
Liam	Calista Flockhart
Maddox	Angelina Jolie
Matteo	Hélène Segara
Milo	Chiara Mastroianni
Mingus	Helena Christensen
Phinnaeus	Julia Roberts
Rain	Corey Hart et Julie Masse
Raphaël	Hélène Segara
René-Charles	Céline Dion et René Angélil
Rocco	Madonna
Roman	MC Solaar
Romeo	Jon Bon Jovi

Nos choix

♀ Filles

Isadora

Étymologie : grecque. Dérivé d'Isidore, du nom de la déesse Isis et de *doron*, cadeau.

Dérivés : Isidora, Isidorine

Traits dominants : Joyeuse et insouciante, elle semble traverser la vie comme une partie de plaisir. C'est pourtant quelqu'un qui doute, qui cherche, qui se pose de grandes questions existentielles.

Joséphine

Étymologie : hébraïque. De *yosef*, Dieu ajoute.

Dérivés : Josée, Josépha, Josèphe, Josephte, Josette, Josie, Josian, Josy

Traits dominants : Elle pourrait donner sa dernière chemise à quelqu'un dans le besoin, mais elle n'affiche pas sa générosité. Sous des dehors souvent extravagants, elle cache une âme de missionnaire. Elle a beaucoup d'amis, parmi toutes les classes de la société. Elle désire très jeune fonder une famille nombreuse.

Violette

Étymologie : latine. De *viola*, violette.

Dérivés : Violetta, Violaine

Traits dominants : Elle est douce et gracieuse et charme son entourage par sa simplicité et son naturel. Si elle s'efface quelquefois, elle peut monter aux barricades pour défendre une cause qu'elle croit juste et par son charisme et sa ferveur entraîne bien des gens à sa suite.

♂ Garçons

Aurélien

Étymologie : latine. Dérivé d'Aurèle, de *aurum*, or.

Traits dominants : Romantique et émotif, il n'extériorise pas ses sentiments de peur d'être blessé, mais aussi par pudeur. C'est un idéaliste qui ne supporte pas la médiocrité. Il a un sens de l'esthétique très poussé.

Barnabé

Étymologie : hébraïque. De *bar*, fils, et *naba*, consolation.

Traits dominants : Il a tendance à la rêverie. C'est un hypersensible qui se réfugie dans son monde dès qu'il se sent le moindrement agressé. Son imaginaire le porte tout naturellement vers les arts, qu'il privilégie même au détriment de l'amour.

Lazare

Étymologie : hébraïque. De *héléazar*, Dieu a secouru.

Traits dominants : Son esprit est vif et pétillant et son humour peut être cinglant. Son esprit critique s'exerce autant sur lui que sur les autres. Il est très déterminé et va au bout de ce qu'il entreprend, quoi qu'il lui en coûte. Il a beaucoup d'ascendant sur les femmes.

Les prénoms médiévaux : aristocratiques

Ce n'est qu'à partir du 11e siècle que le système prénom plus nom a été adopté dans notre civilisation occidentale. Au Moyen Âge, on utilisait simplement un nom, auquel on ajoutait un surnom, qui pouvait désigner un métier (par exemple, « Aubert le Porteur de blé », « Anselet le Crieur », « Gilon la Poissonnière » ou « Savoureuse la Barbière »), une provenance (« Adenot le Breton », « Amauri l'Anglais »…) ou être un sobriquet lié à une caractéristique individuelle (« Édeline l'Enragée », « Émengar la Sourde »). Peu à peu, le surnom est devenu un patronyme héréditaire et le nom, un prénom.

Souvent d'origine germanique ou bretonne, les noms médiévaux font des prénoms originaux pour les enfants du 21e siècle. Ils nous plongent dans les couloirs humides d'un château endormi, nous transportent sur les sentiers d'un bois enchanté, nous font glisser parmi les cygnes sur les eaux noires d'un lac ensorcelé… ou nous convient à la table ronde des chevaliers du roi Arthur !

Pourquoi ne pas donner à votre enfant un nom médiéval, à l'instar de certaines familles aristocratiques françaises qui, en hommage à l'ancienneté de leur lignée, baptisent volontiers leurs enfants Godefroy, Foulques, Isaure ou Mahaut. Vous trouverez dans cette liste des prénoms qui vous feront certainement sourire (on imagine mal quelqu'un appeler sa fille Poubelle – d'ailleurs, le Directeur de l'état civil l'en découragerait certainement !), mais bien d'autres qui peuvent tout à fait s'adapter aux goûts d'aujourd'hui, comme Hava, Mitri, Loyse ou Isabeau pour les filles, et Mahi, Volo, Adri ou Jococ pour les garçons.

♀ Filles

Aalis	Collette	Gillette
Adelie	Colombe	Gilon
Agnès	Cunégonde	Guenièvre
Agnesot	Cyrielle	Guillemette
Aliénor		Guiotte
Alison	Denise	
Alix	Denisette	Hava
Amelot	Dorée	Hesse
Anastasie		Honorée
Auberée	Édeline	
Aude	Élaisse	Isabel
Aveline	Émelisse	Isaure
	Émelnie	Iseult
	Émengar	Isold
Béatrix	Emmelot	
Bèle	Eudeline	Jaquette
Bérangère	Eulalie	Jehanne
Biétrix		Jehannette
Blanche	Florion	Joie
Brunehaut		Juliane
	Galienne	Juliote
Cateline	Genevote	
Catelot	Gervaise	Kateline
Chrestienne	Gilète	Katherine
Clothilde		

Péronnelle

Péronnelle était un prénom courant au Moyen Âge. La sonorité vous plaît et vous pensez le donner à votre enfant? Attention, à cause d'une chanson grivoise, ce prénom est aujourd'hui devenu un nom commun qui signifie «fille sotte et bavarde»!

Léal
Loyse

Maaline
Maalot
Mahaut
Malvina
Margaux
Margot
Marguerin
Marguerite
Marguerot
Marion
Marote
Martine
Mélisande
Mitri
Nicole

Oudine

Péronnelle
Perrette
Plésance
Poubelle

Reinne

Sanceline
Savoureuse
Sédile
Sédillon
Symonne

Thomasse
Thomassete
Tiphaine

Typhenon

Urie

Ysabeau
Ysabel
Ysabelet
Ysabelon
Ysabelot
Ysane

Tiphaine et Tiffany

Encore rare au Québec, Tiphaine est un des prénoms médiévaux qui montent en France. Son orthographe varie beaucoup : Tifaine, Tiffaine, Tifen, Tiffen, Thiffen, Thifaine, Tiphène, Tifayne, Tyfène, Thiphen, Thyfaine... Le prénom Tiffany (ou Tiffanie), qui en est un dérivé, a commencé à être en vogue dans les années soixante, peut-être à cause de *Breakfast at Tiffany's*, le célèbre film avec Audrey Hepburn. C'est pourtant le nom d'un magasin...

♂ Garçons

Achart
Adenin
Adenot
Adequin
Adri
Alaire
Alardin
Albert
Aleaume
Aleaumin
Alixandre
Alyaume
Amauri
Amaury
Ambroisin
Amigart
Ancelet
Andriet
Andrion
Andry
Ansel
Anselet
Anthelme
Antyaume
Arnoul
Arthur
Aubert
Aubertin
Aubin
Augustin
Aurri
Aymeric

Ayoul

Barthélémy
Bastien
Baudoin
Béranger
Berthelot
Bertrand
Blanc
Boniface
Brion

Christofle
Clarembaut
Clotaire
Clovis
Colin

Daimbert
Denisot
Dimenche
Dimitille

Elyot
Emaurri
Emery
Enguerran
Eudes
Evrart

Flavien
Foulques

Gabrien
Galien
Galois
Gamelet
Garnier
Garnot
Gaufroi
Gaultier
Gieffroy
Gobin
Godefroy
Guibert

Hannequin
Herbin
Hérique
Herle
Hosebert
Huchon
Huguelin
Huguenin

Jaspar
Jococ
Jolis
Jourdain
Junien

Lambert
Lancelot
Luquin

Macy
Mahy
Mathelin
Michiel
Mile
Milet

Naudin
Nicaise

Odouart
Ourri

Pandouffle
Pasquier
Perceval
Philippot
Pricion

Raguenel
Raimbaut
Régnault
Regnier
Renaudin
Robin
Rufin

Sandrin
Sansonnet
Senestre

Tancrède
Tassin
Théobald
Thevenin
Thibault
Thomassin

Thonyn
Thore
Toussains

Verain
Vincenot
Vivant
Vivien
Volo

Ydevert
Ymbelet
Ymbelot
Ymbert
Yon
Ysembert

Principaux personnages des aventures des chevaliers de la Table ronde

Le roi Arthur
Bedwere
Bohors
Galahad
Gauvain
Guinevère
Hector

Iseult
Kay
Lancelot du Lac
Lionnel
Merlin
Mordret
La fée Morgane

Perceval le Gallois
Sagremor
Tristan
Urien
La fée Viviane

Nos choix

♀ Filles

Isaure

Étymologie : grecque. D'Isauria, ville d'Asie Mineure.

Traits dominants : Volontaire et exigeante, elle est perfectionniste. Elle refuse de se soumettre aux règles établies lorsqu'elle les juge injustes. Quand elle donne sa parole, rien ne pourrait la faire dévier de ses engagements.

Mahaut

Étymologie : germanique. Dérivé de Mathilde, de *maht*, puissance, et *hild*, combat.

Autres dérivés : Mafalda, Mahaud, Matilda, Matty, Maud, Telia, Tilda, Tillie

Traits dominants : Elle vit sa vie comme elle l'entend et se fiche des qu'en-dira-t-on. Selon son entourage, elle manque d'ambition, mais c'est tout simplement qu'elle n'a pas un parcours classique. Elle tient avant tout à sa liberté.

Mélisande

Étymologie : germanique. De *amal*, de la famille des rois Amali, et *swintha*, énergique.

Dérivés : Milly, Mélusine

Traits dominants : Il est bien difficile de l'influencer. Et si elle est entêtée, c'est parce qu'elle estime posséder la vérité. Elle voudrait d'ailleurs ouvrir les yeux du monde entier ! Lorsqu'elle ne part pas en croisade, elle est joyeuse et adore être entourée d'amis.

♂ Garçons

Arthur

Étymologie : celtique. De *arthos* ou *arzh*, ours.

Dérivés : Arthaud, Arturo, Artus

Traits dominants : Il lui arrive d'être impatient et autoritaire, mais il se sert de son charme pour se faire pardonner. Il est séduisant et beau parleur. Ses talents : l'écriture et la musique.

Robin

Étymologie : germanique. Dérivé de Robert, de *hrod*, gloire, et *bert*, brillant.

Traits dominants : Fougueux et passionné, il a une grande force de conviction. Il adore passer des heures à discuter avec des amis autour d'un bon repas. Il est toujours prêt à aider les autres. S'il est déçu en amour, la blessure met du temps à se cicatriser.

Thibault

Étymologie : germanique. De *diet*, peuple, et *bald*, audacieux.

Dérivés : Thibaut, Theobald, Tibald

Traits dominants : Il est créatif, fonceur et énergique. Il n'a pas froid aux yeux et ne recule jamais devant les obstacles. Avec les femmes, il est galant et chevaleresque. Lorsqu'il tombe vraiment amoureux, c'est pour la vie.

Le mouton et le robinet

Robin est le nom du mouton dans les fables médiévales. C'est de là que vient le mot « robinet » car les premiers modèles de cet instrument étaient ornés d'une tête de mouton.

Littérature : les prénoms qui font les héros

Vous êtes fasciné(e) par Arsène Lupin ? Le gentleman cambrioleur vous charme tant qu'en donnant son prénom à votre enfant, vous pensez qu'il a des chances d'hériter de sa noblesse de cœur ou de son magnétisme… Pourquoi pas ?

L'idée que l'on se fait d'un prénom vient souvent d'images qui s'entremêlent : Anna peut être en même temps la voisine qui hurle toute la journée et la romantique Anna Karénine ! Quelle image l'emportera lorsque vous ferez votre choix ?

♀ Filles

Agnès	L'École des femmes	Molière
Albertine	Albertine en cinq temps	Michel Tremblay
Alice	Alice au pays des merveilles	Lewis Caroll
Anna	Anna Karénine	Tolstoï
Béatrice	La Divine Comédie	Dante
Bérénice	L'Avalée des avalés	Réjean Ducharme
Camille	On ne badine pas avec l'amour	Musset
Cassandre	Ode à Cassandre	Ronsard
Célia	Comme il vous plaira	Shakespeare
Célimène	Le Misanthrope	Molière
Chimène	Le Cid	Corneille

Chloé	L'Écume des jours	Boris Vian
Claudine	Claudine à l'école	Colette
Clélia	La Chartreuse de Parme	Stendhal
Constance	Les Trois Mousquetaires	Alexandre Dumas
Cosette	Les Misérables	Victor Hugo
Cunégonde	Candide	Voltaire
Dorothée	Le Magicien d'Oz	Frank L. Baum
Dulcinée	Don Quichotte de la Manche	Cervantes
Électre	Le deuil sied à Électre	Eugene O'Neill
Élise	Le Décaméron	Boccace
Elsa	Lohengrin	Richard Wagner
Elvire	Don Juan	Molière
Émilie	Le Décaméron	Boccace
Emma	Emma	Jane Austen
Esméralda	Notre-Dame de Paris	Victor Hugo
Eugénie	Eugénie Grandet	Balzac
Fanfan	Fanfan	Alexandre Jardin
Fanny	Fanny	Marcel Pagnol
Fantine	Les Misérables	Victor Hugo
Haydée	Le Comte de Monte-Cristo	Alexandre Dumas
Hedda	Hedda Gabler	Ibsen
Héloïse	Abélard et Héloïse	Bernardin de Saint-Pierre
Hermione	Harry Potter	J.K. Rowling

Merveilleuse dulcinée

Don Quichotte, le chevalier errant, dédie tous ses actes de bravoure à Dulcinée, la dame de ses pensées. Il s'agit en fait d'une jolie paysanne du nom d'Aldonza Lorenzo, qu'il baptise lui-même Dulcinée du Toboso pour que son prénom exprime toutes les douceurs du monde. Elle est la plus belle, la plus vertueuse, la « sans pareille ».

Aujourd'hui, ce prénom est devenu un nom commun qui signifie : « Femme inspirant une passion romanesque ; fiancée, maîtresse. »

Iris	La Tempête	Shakespeare
Iseut	Tristan et Iseut	légende du Moyen Âge
Isis	L'écume des jours	Boris Vian
Juliette	Roméo et Juliette	Shakespeare
Justine	Justine	Marquis de Sade
Lolita	Lolita	Vladimir Nabokov
Lou	Poèmes à Lou	Apollinaire
Mafalda	Mafalda	Quino
Manon	Manon des sources	Marcel Pagnol
Marianne	Les caprices de Marianne	Musset
Mélisande	Pelléas et Mélisande	Maeterlinck
Mercédès	Le Comte de Monte-Cristo	Alexandre Dumas
Nina	La Mouette	Tchekhov
Ondine	Ondine	Jean Giraudoux
Ophélie	Hamlet	Shakespeare
Oriane	À la recherche du temps perdu	Marcel Proust
Perrette	Fables	La Fontaine
Roxane	Cyrano de Bergerac	Edmond Rostand
Shéhérazade	Les Mille et Une Nuits	
Sophie	Les Malheurs de Sophie	La comtesse de Ségur
Tess	Tess d'Uberville	Thomas Hardy
Violaine	L'Annonce faite à Marie	Paul Claudel
Yoko	Yoko Tsuno	Roger Leloup
Zazie	Zazie dans le métro	Raymond Queneau

♂ Garçons

Abélard	Abélard et Héloïse	Bernardin de Saint-Pierre
Aladin	Les Mille et Une Nuits	
Arsène	Arsène Lupin	Maurice Leblanc
~~Aurélien~~	Aurélien	Louis Aragon
~~Bastien~~	L'histoire sans fin	Michael Ende
Bilbo	Bilbo le Hobbit	J.R.R. Tolkien
Candide	Candide	Voltaire
Chérubin	Le Mariage de Figaro	Beaumarchais
Colin	L'Écume des jours	Boris Vian
Cornelius	Hamlet	Shakespeare
Gaston	Gaston Lagaffe	Franquin
Hadrien	Les mémoires d'Hadrien	Marguerite Yourcenar
Hippolyte	Phèdre	Racine
Isaac	Le Juif errant	Eugène Sue
Julien	Le Rouge et le Noir	Stendhal

Au Québec, depuis 1998, plusieurs enfants ont reçu des prénoms tirés d'œuvres de fiction

Le Seigneur des anneaux : Leonidas, Galadriel, Merry, Aragorn, Arwen, Faramir et Gandalf

La Guerre des étoiles : Anakin, Obiwan

La Matrice : Trinity, Zion, Neo et Morpheus

Passe-Partout : Perline

Les Teletubbies : Lala

Peanuts : Linus

Marius	Marius	Marcel Pagnol
Nicolas	Le petit Nicolas	Sempé
Oliver	Oliver Twist	Mark Twain
Othello	Othello	Shakespeare
Perdican	On ne badine pas avec l'amour	Musset
Rodrigue	Le Cid	Corneille
Roméo	Roméo et Juliette	Shakespeare
Solal	Belle du seigneur	Albert Cohen
Tristan	Tristan et Iseut	légende du Moyen Âge
Vladimir	En attendant Godot	Samuel Beckett

La nuit

La nuit
S'achève
Et Gui
Poursuit
Son rêve
Où tout
Est Lou
On est en guerre
Mais Gui
N'y pense guère
La nuit
S'étoile et la paille se dore
Il songe à Celle qu'il adore

Tiré de *Poèmes à Lou*, Guillaume Apollinaire

Nos choix

♀ Filles

Alice

Étymologie : germanique. Dérivé d'Adèle, de *adal*, noble.

Autres dérivés : Aalis, Adélaïde, Alaïs, Aliette, Alix, Alise, Aïda, Alicia, Alissa, Ada, Aliz

Traits dominants : Elle semble auréolée de lumière. Elle enchante par sa grâce et sa vivacité. Intuitive et artiste, elle déborde de créativité et l'exprime dans tous les domaines.

Emma

Étymologie : hébraïque. Dérivé d'Emmanuelle, de *imanu-el*, Dieu est avec nous. Autre étymologie possible : du germanique *ermin*, toute puissance.

Traits dominants : Il est hors de question pour elle de céder la moindre parcelle de sa liberté. Si elle se sent coincée, elle fuit. Son caractère brouillon peut nuire à l'aboutissement de ses projets. Elle est fidèle en amitié et en amour.

Ophélie

Étymologie : grecque. De *ophelia*, secours.

Traits dominants : Douce et sensible, elle a une vie intérieure très riche et préfère la solitude au brouhaha de la vie sociale. Elle est attirée par l'occultisme, la magie, tout ce qui est mystérieux. Elle ne se livre pas facilement, mais, lorsqu'elle a trouvé le grand amour, elle lui ouvre toutes grandes les portes de son jardin secret.

♂ Garçons

Colin

Étymologie : grecque. Dérivé de Nicolas, de *nikê*, victoire, et *laos*, peuple.

Autres dérivés : Colas, Klaus, Nick, Nikita, Nikos

Traits dominants : Il aime entreprendre de grands projets et les mener à terme. Sociable et bon communicateur, il doit toutefois se sentir dans son élément pour être performant. Il cherche à diriger dans sa vie professionnelle, ce qui n'est pas le cas dans son couple. La vie familiale est très importante pour lui.

Rodrigue

Étymologie : germanique. De *hrod*, gloire, et *rik*, roi.

Traits dominants : Il a du panache, de l'envergure. Il a l'allure d'un conquérant. Dans l'intimité, il se révèle moins sûr de lui qu'il n'en a l'air. Il doute et se remet en question parce qu'il est doté d'une intelligence et d'une sensibilité peu communes. Quand il aime, il donne tout.

Tristan

Étymologie : celtique. De *drest*, bruit.

Traits dominants : Épris d'absolu, il est prêt à tout pour atteindre ses idéaux. Lorsqu'il s'engage, il est loyal et passionné. C'est un être profond qui n'attache pas d'importance aux vanités du monde. Les domaines qui l'attirent : la médecine et la musique.

C'est-un-ange

Des parents fans des romans de l'écrivain français Daniel Pennac (*La fée carabine, La petite marchande de prose*) ont voulu donner à leur petite fille C'est-un-ange comme deuxième prénom. Ce prénom a d'abord été refusé par le Directeur de l'état civil, mais la cour a donné raison aux parents.

Les prénoms mixtes : ambigus

Il y a deux sortes de prénoms mixtes. Ceux qui se prononcent de la même manière, mais s'écrivent différemment, comme Daniel et Danielle. Et « les vrais », ceux dont il est impossible de connaître le sexe en les voyant écrits, comme Claude. Pour compliquer encore les choses, certains de ces prénoms ont deux orthographes au féminin, comme Gaëlle qui s'écrit aussi Gaël. Les prénoms mixtes portent à confusion ? Oui, et c'est pour ça qu'on les aime ! Aussi ambigus, provocateurs et sensuels que Lou Doillon, Cameron Diaz ou Kim Novak…

Alex	Céleste	Gaël
Alix	Charlie	Ganael
Aloïs	Christel	George
Amour	Clarence	Gillian
Ange	Claude	Gwenn
Ariel	Constance	
Ashley	Cyrille	Hilal
Béla	Dominique	Indiana
Benedict	Doris	
		Jackie
Cameron	Eden	Jessy
Camille		Jo
Carol	Gaby	José

Karmel	Morgan	Sharon
Kelly		Solène
Kim	Neil	Stéphane
	Nino	Swann
Lio	Noa	Sydney
Loïs	Nolwenn	
Lou	Nour	Tiphaine
Louison		
	Prudence	Yacinthe
Mahé		Yaël
Mandy	Robyn	Yanick
Maxence		
Modeste	Sacha	

Abigaël / Abigaëlle	Axel / Axelle
Aimé / Aimée	
Anaël / Anaëlle	Cyril / Cyrille
André / Andrée	Cyriel / Cyrielle
Andrea / Andréa	
Ariel / Arielle	Daniel / Danièle ou Danielle
Armel / Armelle	Emmanuel / Emmanuelle

Béla et Bella

Deux prénoms qui se prononcent de la même façon, mais qui n'ont rien à voir l'un avec l'autre. Béla, qui est une variante d'Albert, est un prénom d'origine juive et hongroise. C'est surtout un prénom masculin, même s'il s'agit bel et bien d'un prénom mixte. En hébreu, il signifie « englouti ». Quelques Béla célèbres : un des petit-fils de Jacob, Béla IV, roi de Hongrie au 13e siècle, et le compositeur hongrois Béla Bartok.

Quant à Bella, c'est un prénom féminin d'origine slave (du latin *bella*, belle), qui en russe signifie « triste, sombre ». Une Bella célèbre : Bella Darvi, une actrice d'origine polonaise qui a tourné aux États-Unis et surtout en France, avec entre autres Eddie Constantine. Mais son vrai prénom était Bayla. En français, Bella et sa variante Belle sont tout simplement considérés comme des dérivés d'Isabelle.

Flavy / Flavie
Frédéric / Frédérique

Gabriel /Gabrielle
Gaël / Gaëlle
Gwenaël / Gwenaëlle

Joël/Joëlle
Johan / Johanne

Lory / Lorie

Maël / Maëlle

Mallaury / Mallorie
Michel / Michèle
Michaël / Michaëlle
Morgan / Morgane

Noël/Noëlle

Pascal / Pascale

Raphaël / Raphaëlle
René / Renée

Valéry / Valérie

Tendance féminine

Nolwenn

Ce prénom ancien d'origine bretonne (de *gwenn*, blanc, heureux, et Noal, qui est un nom de lieu) est un prénom mixte, mais qui est très peu donné aux garçons. Par contre, c'est un des prénoms qui montent pour les filles, surtout en France. Quelques variantes : Nolwen, Noal, Gwennoal, Noyale, Noluenn.

Nour

Dérivé d'Éléonore, ce prénom d'orgine arabe (de *nûr*, la lumière) est beaucoup plus utilisé pour les filles. Nour est un des noms du prophète et celui de la vingt-quatrième sourate du Coran. Personnage célèbre : la reine de Jordanie, morte en 1999.

Lou

En français, ce prénom est plus souvent féminin. C'est le contraire dans les pays anglophones. Il a une étymologie celtique et veut dire lumineux.

Constance

Trois empereurs romains et deux reines de France portèrent ce prénom. C'est un prénom rare qui est aujourd'hui presque exclusivement féminin.

Tendance masculine

George

Si Georges est un prénom uniquement masculin, sa variante George, elle, est mixte, même si très peu de filles portent ce prénom. La première a sans doute été l'écrivain George Sand, qui s'habillait en homme et fumait la pipe, et qui avait pris ce pseudonyme pour affirmer l'égalité des sexes.

Sacha

Diminutif russe d'Alexandre, Sacha est devenu en français un prénom à part entière. Il est traditionnellement plus donné aux garçons, mais la tendance féminine est en hausse.

Stéphane

Ce prénom semble d'autant plus rare au féminin que c'est un prénom très souvent donné aux garçons, et depuis longtemps. Cela lui donne une forte connotation androgyne.

Noëlle

Noëlle est un dérivé de Nathalie (du latin *natalis*, jour de la naissance). Ce prénom n'est apparu qu'au début du 20e siècle, alors que son pendant masculin existait depuis quelques siècles, sans toutefois être très répandu. Les Noël et Noëlle sont fêtés, bien sûr, le 25 décembre. Saint Noël Pinot a été béatifié en 1926. Il était prêtre sous la Révolution française et fut guillotiné pour avoir célébré des messes clandestines.

Nos choix

Lou

Étymologie : celtique. De *lou*, lumineux. Ou diminutif de Louis, du germanique *hold*, célèbre, et *wig*, combat.

Traits dominants : Elle ou il adore provoquer! De tempérament artistique, il ou elle excelle en musique ou en art dramatique. C'est un être changeant, quelque peu lunatique et désordonné. Un(e) éternel(le) adolescent(e)!

Mahé

Étymologie : hébraïque. Dérivé de Mazhé, variante bretonne de Matthieu, de *mattan*, don, et *Yâh*, Yahvé.

Traits dominants : Il ou elle sacrifie facilement sa carrière à sa famille, si besoin. Gentil(le) et affectueux(se), il ou elle est souvent trop confiant(e), ce qui peut lui apporter quelques blessures et désillusions.

Sacha

Étymologie : grecque. Dérivé d'Alexandre, de *alexein*, repousser, et *andros*, homme.

Autres dérivés : Alex, Alexis, Alexia, Alexandrine

Traits dominants : C'est un(e) épicurien(ne) en quête de tous les plaisirs. Créatif(ive) et original(e), il ou elle aime être reconnu(e) socialement, surtout sans avoir l'air d'avoir fait quoi que ce soit pour y arriver! Il ou elle charme par son intelligence et sa fantaisie.

Musicalité des prénoms

Quand un prénom nous plaît, c'est souvent d'abord par sa sonorité et son rythme. On le prononce, on le répète sur tous les tons, et il fait surgir en soi une foule d'images. On imagine notre petite princesse «en a» ou notre petit génie «en i»! On aime un prénom qui s'étire langoureusement ou qui, au contraire, éclate joyeusement. Et puis on tient à ce qu'il s'harmonise avec le nom de famille, qu'il ne soit ni trop long, ni trop court. On cherche l'originalité, tout en voulant être tendance (et quand même un peu classique)… Bref, c'est presque la cacophonie! Vous trouverez ici des prénoms classés selon leur terminaison et également des prénoms courts, qui sont de plus en plus recherchés, entre autres parce qu'il est maintenant courant de donner à son enfant un double nom de famille.

Le pouvoir inconscient des prénoms

Notre prénom nous influence à un niveau inconscient dans plusieurs choix que nous faisons, tout au long de notre vie. Des psychologues ont suggéré que, souvent, les gens se marient avec quelqu'un dont le nom ou le prénom ressemble au leur : même étymologie ou même sonorité. Ainsi, les Mathias seront attirés par les Marianne et les Danièle par les Gabriel!

Les prénoms en « i »

♀ Filles

Abélie
Alexandrie
Amélie
Anastasie
Angélie
Angie
Annie
Aricie
Athalie
Aurélie
Azélie

Bessie
Betty
Bonnie
Brittanie

Camélie
Candie
Carmélie
Cathy
Cécilie
Cindy
Claudie
Clavie
Clélie
Coralie
Cordélie
Cornélie

Danie
Danny

Ébonie
Effi
Elfie
Elli
Ellie
Elly
Élodie
Elsie
Elvie
Émilie
Emmelie
Emmy
Épiphanie
Eudocie
Eugénie
Eulalie

Fanny
Félicie
Finie
Flavie
Floralie
Florie
Frannie
Fulvie

Gerdi
Ginny

Harmonie
Heidi
Hetti

Houri

Iphigénie
Irini

Jackie
Janie
Jessie
Joanie
Jodie
Josie
Josy
Judy
Julie
Junie

Kateri
Katie
Kelly
Ketty

Laurie
Leli
Lélie
Léocadie
Léonie
Leslie
Lili
Lorie
Lucie
Lydie

Magali	Octavie	Suki
Mallorie	Odie	Suzie
Mandy	Olympie	Sylvie
Margerie	Ophélie	
Margie	Oranie	Talie
Marie		Tamie
Marjorie	Pascalie	Tessie
Marnie	Patsy	Thalie
Mélanie	Pélagie	Tiffany
Mellie	Penny	Tilli
Mélodie	Perlie	Tiphanie
Millie	Pulchérie	Tullie
Milly		
Mimi	Romy	Uranie
Minnie	Rosalie	
Mitzi	Rosemarie	Valérie
Molly	Rosie	Vicki
Moni	Rosy	Vicky
		Virginie
Naïri	Sadie	Wali
Naomi	Sally	Wendie
Nathalie	Sandie	Winnie
Nelly	Sidonie	
Nickie	Siri	Ylorie
Nini	Sissi	
Noélie	Sophie	Zélie
Noémie	Stéphanie	Zénobie

Qui a le dernier mot ?

S'il juge que le prénom que vous avez choisi prête au ridicule ou risque de porter préjudice à l'enfant, le Directeur de l'état civil peut vous inviter à modifier votre choix.

Si vous refusez de changer le prénom de votre enfant, il dressera le certificat de naissance comme vous le désirez, mais il avertira le Procureur général du Québec. Celui-ci peut alors demander au tribunal de remplacer le prénom que vous avez choisi par deux prénoms plus usuels. Le tribunal a donc le dernier mot.

Nos choix

Anastasie

Étymologie : grecque. De *anastasis*, résurrection.

Traits dominants : Elle a besoin d'un environnement stimulant intellectuellement, sinon elle s'étiole. En apparence très discrète, presque secrète, elle est en fait une passionnée qui vit souvent des amours dramatiques.

Mitzi

Étymologie : hébraïque. Dérivé de Marie, de *mar-yam*, goutte de mer.

Traits dominants : Rieuse, espiègle, un brin affabulatrice, elle mène les hommes par le bout du nez. Elle fuit la routine et préfère une vie faite d'incertitudes plutôt qu'une vie rangée où elle s'ennuierait à mourir.

Tiffany

Étymologie : grecque. Dérivé de Tiphaine, de *theophania*, apparition des dieux.

Traits dominants : D'une fidélité à toute épreuve, elle préfère se dédier à ses amis plutôt que de s'engager dans des relations sentimentales hasardeuses. Elle attend le grand amour. Quand elle le trouve, c'est pour la vie.

Les prénoms en « on »

♂ Garçons

Aaron
Abbon
Abdon
Absalon
Aimond
Ammon
Amon
Apollon
Bermond
Brunon
Danton
Edmond
Émilion
Falcon

Fénelon
Gaston
Gédéon
Hilarion
Jason
Léon
Marlon
Napoléon
Odilon
Orion
Philémon
Platon
Raymond
Robinson

Salomon
Samson
Siméon
Simon
Yvon
Zébulon

Le célèbre animateur français Thierry Ardisson a le sens de la rime! Ses trois enfants se prénomment Marion, Ninon et Gaston.

Nos choix

Gaston

Étymologie : germanique. De *gast*, hôte.

Traits dominants : Il est patient, réfléchi, rationnel. Il ne se lance jamais dans l'action à l'aveuglette. Il aime tout prévoir, tout contrôler. C'est aussi un joyeux compagnon, plein de verve et d'entregent. Par contre, il est susceptible et s'il se sent blessé, sa rancune est tenace.

Léon

Étymologie : latine. De *leo*, lion.

Traits dominants : C'est un taciturne. Calme, posé, patient, il ne se lance jamais dans une affaire sans avoir longuement mûri son coup. Et ça lui réussit. En amour, il a besoin de sentir qu'il domine.

Simon

Étymologie : hébraïque. De *shimon*, exaucé.

Traits dominants : Il est passionné et entêté. Quand il s'enflamme, rien ni personne ne peut l'empêcher d'obtenir l'objet de ses désirs. De toute façon, il est bien difficile de lui résister : il est si séduisant!

Les prénoms en « in »

♂ Garçons

Adelin
Adrien
Aladin
Alain
Albin
Ancelin
Angelin
Anthonin
Asselin
Aubertin
Aubin
Augustin
~~Aurélien~~

~~Bastien~~
Baudoin
Benjamin
Bernardin
Bertin

Caïn
Calvin
Célestin
Colin
Constantin
Corentin
Cyprien

Damien
Dauphin
Delphin

Donatien

~~Émilien~~

Fabien
Fantin
Faustin
Félicien
Firmin
Flavien
Florentin
Franklin
Fridolin

Gabin
Gatien
Gauvain
Gavin
Gérin
Germain
Ghislain
Gratien
Guilain
Guillemin

Hugolin

Jasmin
Joachim
Jocelyn
Josselin

Jouin
Jovin
Julien
Junien
Justin
Justinien

Kervin

Lin
Lucien

Marcellin
Marin
Martin
Mathurin
Maximien
Maximilien
Maximin
Merlin

Nicolin

Pascalin
Paulin

Quentin

Robin
Romain

Sabin	Sylvain	Victorin
Salvin	Ugolin	Vivien
Saturnin	Urbain	
Sébastien		Zéphyrin
Séraphin	Valentin	
Séverin	Victorien	

Nos choix

Adrien

Étymologie : latine. Vient d'*Adria,* une ville de Vénétie qui donne son nom à la mer Adriatique.

Dérivés : Adrian, Hadrien

Traits dominants : Tolérant et généreux, il a de la difficulté à accepter les vicissitudes de la vie. L'être aimé doit partager ses valeurs et sa vision du monde. Il voit son couple comme un refuge, un havre de paix au milieu du tumulte.

Constantin

Étymologie : latine. Dérivé de Constant, de *constantia,* constance.

Traits dominants : Loyal et altruiste, on peut compter sur lui. Il s'adapte facilement aux nouvelles situations et est très sociable, mais il doit d'abord se sentir en confiance. En amour, il est fidèle. Si on le trompe, il part et ne donne pas de deuxième chance.

Gabin

Étymologie : hébraïque. De *gabar,* force.

Traits dominants : Séduisant, grand seigneur, il aime épater la galerie et ses élans de générosité sont ostentatoires. Au point de vue professionnel, il est très exigeant envers lui-même car il ne supporte pas d'être pris en défaut. Il se sent responsable d'apporter confort et sécurité à sa famille.

Les prénoms en « ine »

♀ Filles

Adeline
Adéline
Aimeline
Albertine
Albine
Alexandrine
Aline
Alphonsine
Alvine
Amandine
Ambroisine
Ameline
Angéline
Antonine
Apolline
Asseline
Audeline
Augustine
Aureline
Aveline
Azeline

Barberine
Benjamine
Bernardine
Bertine
Blandine
Blondine

Capucine
Carine

Caroline
Catherine
Célestine
Céline
Césarine
Charline
Christine
Clarine
Claudine
Clémentine
Coline
Colombine
Conradine
Corentine
Corine

Dauphine
Delphine
Divine
Dorine

Églantine
Émeline
Ermeline
Ernestine
Évangéline
Éveline
Évelyne

Fantine
Faustine

Firmine
Florentine
Francine

Géraldine
Guillemine
Gwendoline

Hermine
Honorine
Hugoline

Isaline

Jacqueline
Janine
Jasmine
Jocelyne
Joséphine
Josseline
Justine

Karine

Laureline
Laurine
Léontine
Léopoldine
Line
Ludivine
Lyne

Madeline	Pauline	Séverine
Marilyn	Perline	Soline
Marine	Perrine	
Martine	Philippine	Taline
Maxine	Pomeline	
Mazarine		Ursuline
Méline	Régine	
Mélusine	Robertine	Valentine
Micheline	Rosaline	Victorine
	Roseline	Vivine
Nadine	Rosine	
Nine		Yasmine
	Sabine	
Ombeline	Sabrine	Zéphyrine
Ondine	Sandrine	
	Séraphine	
Pascaline	Sergine	

Pourquoi ne pas créer vous-même le prénom de votre enfant ?

Vous pouvez changer une ou plusieurs lettres d'un prénom existant : vous aimez Emma, mais vous trouvez ce prénom trop courant ? Transformez-le en Amma ! Votre sœur se prénomme Mélanie et vous voulez lui faire honneur sans utiliser le même prénom ? Appelez votre fille Zélanie ! En changeant l'ordre des lettres, Rosalie devient Rosélia.

Une autre méthode consiste à combiner deux prénoms qui vous plaisent. Camille et Léa font Camiléa, Louise et Anne font Louanne.

Enfin, vous pouvez laisser aller votre imagination et inventer de toutes pièces un prénom d'après des sonorités : Fadyllis, Soflanie, Vélinou, Damilée… Les possibilités sont infinies !

Nos choix

Capucine

Étymologie : latine. De *cappa*, capuchon.

Traits dominants : Émotive et romantique, elle idéalise sa vie. Ouverte et sociable, elle se referme et s'isole lorsque la réalité ne correspond pas à ses rêves. Elle cherche avant tout un métier qui ne lui procure pas de stress et qui lui permet de mettre à profit sa créativité.

Léopoldine

Étymologie : germanique. De *liut*, peuple, et *bold*, courageux.

Traits dominants : Elle fonce dans la vie avec courage et détermination. Sa carrière est très importante pour elle, souvent au détriment de sa vie amoureuse. Elle a besoin d'être reconnue socialement, mais elle ne veut devoir ses succès qu'à elle-même.

Valentine

Étymologie : latine. De *valens*, vaillant, valeureux.

Traits dominants : Elle est coquette, mais avant tout une grande amoureuse. Intuitive et idéaliste, elle n'aime pas perdre son temps avec des hommes qui ne sont pas faits pour elle. Elle trouve généralement très jeune le grand amour.

Les prénoms en « elle »

♀ Filles

Abelle
Abigaëlle
Adèle
Amaëlle
Anaëlle
Angèle
Annabelle
Annaëlle
Arabelle
Arielle
Armelle
Axelle

Belle

Cannelle
Chanelle
Christelle
Claudelle
Cybelle
Cyrielle

Danielle

Elle
Emmanuelle
Estelle
Éthel
Eurielle

Florelle

Gabrielle
Gaëlle
Giselle
Gracielle
Grazielle
Gwenaelle

Isabelle

Janelle
Jésabelle
Jezabel
Joëlle
Judicaëlle

Karelle
Karmel

Lionelle

Maëlle
Manuelle
Marcelle
Maribelle
Marielle
Maybel
Maybelle
Melle

Michaëlle
Michelle
Mirabelle
Mirielle
Monelle
Muriel
Murielle

Nèle
Nigelle
Noëlle

Pétronelle
Prunelle

Rachel
Raphaëlle
Rosabelle

Sibel
Suzelle

Triskelle

Yaëlle
Ysabel

Zabèle

Nos choix

Arielle

Étymologie : hébraïque. De *ari*, lion, et *el*, Dieu.

Traits dominants : C'est une femme de tête, qui arrive à équilibrer parfaitement carrière et vie familiale. Elle est toujours à la course, mais cela lui convient parfaitement car elle n'est pas du genre à se tourner les pouces. Quand elle a un moment de libre, elle fait des plans pour un voyage ou pour inviter une dizaine d'amis à dîner ! Dans le couple, c'est elle qui dirige.

Emmanuelle

Étymologie : hébraïque. De *imanu-el*, Dieu est avec nous.

Traits dominants : C'est une créatrice. Elle imagine un nouveau modèle de robe, elle écrit les paroles d'une chanson, elle se fait designer pour décorer son appartement ... bref, elle déborde d'imagination et de talent. Toutefois, elle manque de confiance en elle et ne fera rien pour vivre de son art. Elle attend qu'on la découvre... En amour, elle ne souffre cependant d'aucun complexe et accumule les succès.

Maëlle

Étymologie : bretonne. De *mael*, chef, prince.

Traits dominants : Elle est naturelle, simple, gentille. C'est une nature généreuse et affectueuse. Elle choisit de préférence un métier qui lui permet d'être en contact avec des enfants.

Les prénoms courts en « a »

♀ Filles

Aba	Cara	Elsa
Abla	Cira	Emma
Abra	Cita	Enea
Ada	Cléa	Enza
Adéa	Cora	Eva
Afia	Cyra	
Afra		Fia
Agda	Daïa	Fina
Aïah	Dala	
Aïda	Dana	Gaïa
Aïfa	Daya	Gala
Alba	Dea	Gaya
Alda	Deva	Gera
Alia	Dia	Geva
Alma	Dina	Gina
Alva	Dita	Gora
Alya	Dona	
Ama	Dora	Hada
Ana	Doua	Hava
Anna	Dula	Hawa
Anya		Héba
Asia	Eda	Hera
Aska	Edda	
Aura	Edna	Icha
Ava	Efah	Ida
Avia	Ela	Ilda
Awa	Elda	Ilya
Aya	Elga	Imma
	Elia	Ina
Béa	Ella	Inga
Béla	Elma	Inia
Bila		

Iola	Luma	Ora
Iona	Luna	Oria
Ira	Lyla	Orla
Irma	Lyra	Orya
Isa		
Ita	Mada	Pia
Iva	Maia	Pila
Ivka	Maja	Pina
Izia	Mara	Pola
	Maya	
Jala	Meya	Raïa
Jana	Mia	Rana
Jaya	Mila	Raya
	Mina	Réna
Kara	Mira	Résa
Kia	Mona	Rica
Kora	Musa	Rika
	Myra	Rina
Lada		Rita
Lana	Naia	Roma
Lara	Naja	Rosa
Léa	Nana	Roza
Léda	Nava	
Léla	Néta	Sama
Léna	Néva	Sana
Léta	Nika	Sanna
Lia	Nina	Sara
Lika	Noa	Saya
Lila	Nora	Sefa
Lina		Seva
Lisa	Oda	Sila
Lola	Offa	Sima
Lona	Ola	Sira
Lora	Olga	Sita
Lua	Olia	Soha
Lula	Olva	Sula

Syma

Tama

Tana

Tara

Tava

Téa

Théa

Tia

Tiha

Tina

Tita

Tréa

Uba

Ula

Ulla

Uma

Uria

Ursa

Véda

Veïa

Véla

Véra

Via

Vida

Vila

Vira

Vita

Viva

Wafa

Wala

Yeva

Yola

Yona

Zaia

Zana

Zara

Zaza

Zéda

Zeia

Zéla

Zena

Zina

Zita

Zoa

Zoïa

Zora

Nos choix

Gala

Étymologie : grecque. De *galact*, lait.

Traits dominants : Elle a un côté bohème qui tranche avec son look de femme fatale. Elle aime faire la fête, les soirées entre amis. C'est une noctambule qui refuse de mener une vie bien rangée : le bureau le matin, très peu pour elle! Elle a rarement un travail régulier.

Olga

Étymologie : germanique. De *heil*, chance, prospérité.

Traits dominants : Elle a besoin d'ordre, de beauté, d'harmonie. C'est une intellectuelle et une esthète. Toujours le nez plongé dans ses livres, elle oublie de regarder autour d'elle et peut laisser passer l'amour si elle n'y prend pas garde.

Zita

Étymologie : latine. De *cita*, ailée, rapide.

Traits dominants : Elle intimide ceux qui ne la connaissent pas. Elle leur semble un peu distante, d'un abord difficile. Pourtant, selon ses amis, elle est simple, chaleureuse et affectueuse. Elle ne se livre pas facilement.

Des prénoms courts

♀ Filles

Ambre
Anne
Aude

Barbe
Bée
Bette

Cléo

Dyne

Effi
Elke
Elle
Elsie
Émy
Ève

Fleur
Flore

Gaël
Gwenn

Hilde

Ide
Ilse
Inès

Iole
Isis

Jade
Jane

Kim

Laure
Lili
Lio
Lis
Lise
Liv
Loïse
Lou
Luce

Maud
Maude
Milli
Mimi

Naïs
Nine

Paule
Perle
Prune
Reine

Romy
Rose
Rosy
Ruth

Sol

Tess
Thaïs

Viki

Yaël

Zoé

♂ Garçons

Abel
Adam
Aldo
Alex
Ali
Amir
Ange
Ari
Ariel
Aron
Axel

Ben
Blaise
Briac
Brice
Briec
Bryan

Carl
Côme
Cyr

Dan

Eddy
Élie
Éloi
Éric
~~Eudes~~

Frank

Gaby
Gad
Gaël
Gil
Gilles
Gino
Guy

Hans
Harn
Hugo

Ian
Igor
Ivan
Ivo

Jack
Jean
Jeff
Jim
Jo
Job
Joël
José
Josh
~~Jude~~
~~Jules~~
Juste

Karl
Kim

Klaus
Kurt

Léo
Léon
~~Liam~~
Lin
Lino
Lio
Loïc
Loïs
Lou
~~Louis~~
Loup
Luc
Luck
Luis

Maël
Mahé
Manu
Marc
Max

Naïm
Nick
Niels
Noah
Noé
Noël

Olaf
Omar
Omer
Orso
Otto
Ours
Ozzy

Paco
Paul
Phil
Pie
Pierre

Ralph
Rami
Raoul
Rémi
René
Rieu
Rocco
Roch

Sadi
Sam
Sami
Serge
Sim
Slim
Smaïn
Stan
Sven

Ted
Théo
Tim
Tom
Tonio
Tony

Ugo
Uli
Uriel
Ursi
Urso

Val
Vic
Vito
Wali
Wil
Wolf

Yaël
Yago
Yann
Youri
Yvan
Yves

Zac
Zach
Zaïd
Zaki
Zito
Zoïg

Nos choix

♀ Filles

Aude

Étymologie : germanique. De *ald*, ancien.

Traits dominants : Douce et tendre, elle s'épanouit dans le couple. Elle fait preuve d'une force insoupçonnée pour défendre ceux qu'elle aime. Elle privilégie sa vie familiale.

Kim

Étymologie : celtique. Dérivé de Kimberley, de *cyneburk,* château fort.

Traits dominants : Ses émotions sont à fleur de peau. Elle a sans cesse besoin d'être rassurée. Elle hésite, n'est jamais sûre de ses choix. Mais lorsqu'elle se sent en confiance, protégée, lorsqu'elle trouve son port d'attache, plus rien ne lui fait peur.

Zoé

Étymologie : grecque. De *zoê*, vie.

Traits dominants : Elle court, elle danse, elle traverse la vie avec légèreté et bonheur. Elle a envie de tout voir, de tout faire. L'inconnu l'intrigue et l'excite. Sa quête de sensations fortes ne semble pas l'essouffler le moins du monde. Ce qui n'est pas le cas de ceux qui l'entourent…

♂ Garçons

Brice

Étymologie : celtique. De *brigh*, force.

Traits dominants : Il veut réussir socialement, et il y parvient généralement. C'est un homme d'action qui a besoin de liberté et d'espace. Il aime le luxe et la fête.

Hans

Étymologie : hébraïque. Variante germanique de Jean, de *Yohanân*, Dieu a fait grâce.

Traits dominants : C'est un touche-à-tout. Sa culture est vaste et lui permet de briller en société, ce qu'il adore. Il a de la difficulté à mener une vie stable parce qu'il est trop curieux de tout.

Stan

Étymologie : slave. De *stan*, se tenir debout. Dérivé de Stanislas.

Traits dominants : Sérieux et consciencieux, il a une étonnante force de travail lorsqu'il a un but à atteindre. Les difficultés et les défis ne lui font pas peur. Ce qui lui permet de garder son équilibre : le sport et la fête !

Prénoms en chansons

Bien des prénoms ont été rendus célèbres par des chansons. En voici quelques-uns pour inspirer ceux et celles qui ont envie que leur enfant ait déjà son ode à la naissance!

♀ Filles

Adélaïde	Arnold Turboust
Adèle	Serge Reggiani
Adeline	Johnny Hallyday
Aïcha	Khaled
Alexandrie **Alexandra**	Claude François
Alexandra leaving	Leonard Cohen
Aline	Christophe
Allison	The Pixies
Amandine	Carole Laure
Amélia	La Compagnie créole
Anastasia	Hélène Segara
Angie	The Rolling Stones
Angélique	Les Sultans
Chanson pour **Anna**	Luce Dufault
Bélinda	Claude François
Bonnie et Clyde	Serge Gainsbourg

Adieu jolie **Candy**	Jean-François Michaël
Carol	Chuck Berry
Ô **Carole**	Johnny Hallyday
Caroline	MC Solaar
Cécile ma fille	Claude Nougaro
Cecilia	Paul Simon
Céline	Hugues Aufray
Clara	Jacques Brel
Clémentine	Yves Montand
Je m'appelle **Daisy**	Georges Moustaki
Daniela	Johnny Hallyday
Delilah	Tom Jones
Diana	Paul Anka
Dominique	Sœur Sourire
Dona	Richie Vallens
Eleanor Rigby	The Beatles
Élisa	Serge Gainsbourg
Ella, elle l'a	France Gall
Éloïse	Donald Lautrec
Mademoiselle **Émilie**	Gilles Vigneault
Un lilas pour **Eulalie**	Yves Duteil
Une petite **Ève** en trop	Georges Brassens
La **Fanette**	Jacques Brel
Félicie	Fernandel
Fernande	Georges Brassens
Gaby oh Gaby	Alain Bashung
Geneviève	Claude Gauthier
Germaine	Renaud
Gina	Pierre Lalonde
Ginette	Beau Dommage
Greta	Renaud
Hélène	Roch Voisine

Isabelle	Jean Leloup
Jade	Corey Hart
Je m'appelle **Jane**	Jane Birkin et Mickey 3D
Joan of Arc	Leonard Cohen
Johanna	The Stooges
Osez **Joséphine**	Alain Bashung
Hey **Jude**	The Beatles
Julia	The Beatles
Ma p'tite **Julie**	Les Colocs
Lætitia	Serge Gainsbourg
Laura	Johnny Hallyday
Laurence	Nino Ferrer
Layla	Eric Clapton
Lili voulait aller danser	Julien Clerc
L'effet **Lisa**	Richard Desjardins
Sad **Lisa**	Cat Stevens
Lola	Renaud
Louise	Michel Louvain
Lady **Lucille**	Johnny Hallyday
Lucy in the sky with diamonds	The Beatles
Madeleine	Jacques Brel
Manon	Serge Gainsbourg
Marcia Baila	Les Rita Mitsouko
Brave **Margot**	Georges Brassens
So long **Marianne**	Leonard Cohen
Marilou	Serge Gainsbourg
Petite **Marie**	Francis Cabrel
Marilou reggae	Serge Gainsbourg
Marjolaine	Zachary Richard
Mathilda	Harry Belafonte
Mélanie	Céline Dion
Mélissa	Julien Clerc
La ballade de **Melody** Nelson	Serge Gainsbourg

Mélusine	Renaud
Michelle	The Beatles
À **Mireille**	Georges Brassens
Nancy	Leonard Cohen
Nathalie	Gilbert Bécaud
Reveline	Georges Moustaki
Roxanne	The Police
Sexy **Sadie**	The Beatles
Sarah	Georges Moustaki
Stephanie says	The Velvet Underground
Suzanne	Leonard Cohen
Valentine	Maurice Chevalier
Allons danser **Valérie**	Joe Dassin
Vanessa	Doc Gynéco
Zora sourit	Céline Dion

♂ Garçons

Adam et Elle	Zébulon
Adonis	Dalida
Alexis m'attend	Philippe Fontaine
Andy	Les Rita Mitsouko
Angiolino	Paolo Conte
Armand est mort	MC Solaar
Salut **Charlie**	Johnny Hallyday
Bonnie et **Clyde**	Serge Gainsbourg
Tonton **Cristobal**	Pierre Perret
Denis	Blondie

Diego libre dans sa tête	Michel Berger
Fernand	Jacques Brel
Fernando	Abba
Gaspard	Georges Moustaki
Gaston	Nino Ferrer
Les aventures de **Gérard** Lambert	Renaud
Ibrahim	Bérurier Noir
Grand **Jacques**	Jacques Brel
Jeff	Jacques Brel
Jeremy	Pearl Jam
Quand **Jimmy** dit	Patricia Kaas
Joe le Taxi	Vanessa Paradis
Fais-moi mal **Johnny**	Boris Vian et Magali Noël
Joseph	Georges Moustaki
Jules	Miossec
Manu	Renaud
Petit **Pierre**	Félix Leclerc
Chanson pour **Pierrot**	Renaud
La ballade de **Willy**	Renaud
Ziggy	Céline Dion

Drôle d'hommage !

On a vu des Noël baptisés ainsi parce qu'ils étaient nés le 25 décembre. Des Avril nées en avril. Mais une maman française a été plus originale : elle a appelé son enfant Périphérique parce que c'est sur cette autoroute qui fait le tour de Paris qu'elle a perdu ses eaux !

Nos choix

♀ Filles

Angélique

Étymologie : latine. Dérivé d'Angèle, de *angelus*, messager.

Autres dérivés : Angela, Angelica, Angie

Traits dominants : Elle a un charme fou. Elle est vive, rieuse, moqueuse. Elle aime l'aventure et n'a pas peur de prendre des risques. Elle est coquette et séductrice, mais rêve de l'amour absolu.

Lætitia

Étymologie : latine. De *laetitia*, allégresse.

Traits de caractère : Elle est indépendante et prend tôt ses distances de ses parents. C'est une artiste doublée d'une philosophe. Elle fuit les vanités du monde et recherche les relations profondes, originales. Pas coquette pour deux sous, elle attire par son naturel et la flamme qui brille au fond de ses yeux.

Mathilda

Étymologie : germanique. De *maht*, puissance, et *hild*, combat.

Traits dominants : Elle est moins tranquille qu'elle ne paraît. C'est vrai qu'elle fuit les conflits et cherche l'harmonie, mais sa nature curieuse la pousse à faire sans cesse de nouvelles expériences et à repousser ses limites. En amour, elle tombe souvent sur un partenaire affectivement dépendant.

♂ Garçons

Gaspard

Étymologie : latine. De *gaspardus*, celui qui vient voir.

Dérivés : Caspar, Gaspar, Gasparin, Jasper

Traits dominants : C'est un passionné en toutes choses. Souvent attiré par les sciences, son esprit est toujours en mouvement, toujours à l'affût d'une nouvelle découverte. Il charme d'abord par sa verve et son intelligence.

Jeff

Étymologie : germanique. Dérivé de Geoffroy, de *gaut*, nom d'une divinité, et *frief*, protecteur.

Traits dominants : C'est un être sensible et émotif, qui tombe facilement amoureux et est souvent déçu car il s'investit trop et trop tôt dans ses relations. Il prend souvent ses rêves pour des réalités. C'est un très bon ami, attentif et dévoué.

Jules

Étymologie : latine. De Iulius, prénom d'un des fils d'Énée, légendaire prince troyen.

Traits dominants : Il a de la prestance, du magnétisme. Il est colérique, mais il essaie de se contrôler. Il a du mal à accepter l'autorité et a tendance à mépriser ce qui lui demanderait un effort. Il préfère briller dans un domaine où il a de la facilité plutôt que de se confronter à lui-même.

Mythologie : des prénoms éternels

Un univers peuplé de nymphes, de satyres, de femmes dont la beauté fait tourner la tête des dieux, de héros dont la ruse et le courage viennent à bout des monstres les plus effrayants, où les dieux et déesses se transforment en poudre d'or, en vent, en fleur, aiment et trahissent… La mythologie nous offre une pléiade d'histoires d'amour, de guerre, de vengeance, de fidélité… et une multitude de prénoms! Astrée et Cassiopée, transformées en constellations, Calypso et la magicienne Circé, qui toutes deux tombent amoureuses d'Ulysse et tentent de le garder auprès d'elles, Myrrha, Morphée, Icare, Thésée, Ino… Des noms qui font rêver! Ils sont originaux et éternels.

♀ Filles

Aglaé : la plus jeune et la plus jolie des trois Grâces, que l'on appelait la « brillante ».

Amalthée : nourrice qui éleva Zeus.

Andromaque : fille du roi de Thèbe.

Antiope : fille du Dieu-fleuve Asopos, d'une beauté extraordinaire.

Aphrodite : déesse grecque de l'amour.

Ariane : amoureuse de Thésée, elle lui donne une pelote de laine pour qu'il retrouve son chemin dans le labyrinthe du Minotaure.

Artémis : déesse de la chasse.

Asteria : fille du Titan Coeos et de Phoebé.

Astrée : elle répandait parmi les hommes les sentiments de justice et de vertu ; quand la méchanceté s'est emparée du monde, elle remonta au ciel, où elle devint la constellation de la Vierge.

Athéna : déesse de la raison guerrière qui s'applique, grâce à son ingéniosité, aux arts de la paix.

Aurore : voir Éos.

Calliope : muse de la poésie lyrique.

Callisto : nymphe des bois. Transformée en ourse par Héra pour la punir d'une relation avec Zeus, elle devient la constellation de la Grande Ourse.

Calypso : nymphe amoureuse d'Ulysse, elle le garda prisonnier sur son île.

Caphira : fille d'Océan.

Cassandre : fille de Priam et d'Hécube. Elle reçut d'Apollon le don de prédire l'avenir, mais elle se refusa à lui et il décréta que personne ne croirait à ses prophéties.

Cassiopée : d'une grande beauté, elle fut transformée en constellation.

Circé : magicienne, elle a transformé les compagnons d'Ulysse en animaux et est devenue sa maîtresse.

Clio : muse de l'Histoire.

Cybèle : déesse souvent appelée la Mère des Dieux ou la Grande Mère ; sa puissance s'étend à la nature entière. Elle est la déesse de la fertilité.

Danaé : fille du roi d'Argos Acrisios et d'Eurydice, mère de Persée. Jupiter s'unit à elle en se transformant en pluie d'or.

Daphné : nymphe aimée d'Apollon et matamorphosée en laurier.

Diane : déesse de la nature sauvage et de la chasse.

Égérie : nymphe qui apparaît d'abord comme une déesse des sources.

Électre : fille d'*Agamemnon* et de Clytemnestre.

Éos : déesse de l'aube, dont les doigts, couleur de rose, ouvrent les portes du ciel au char du Soleil. Jalouse de sa liaison avec Arès, Aphrodite la punit en faisant d'elle une éternelle amoureuse.

Euterpe : muse de la danse.
Évadné : fille de Poséidon aimée d'Apollon.

Fidès : déesse de la parole donnée.
Flore : déesse qui fait fleurir les arbres et les fleurs.

Gaia : déesse de la Terre.
Galatée : divinité marine grecque. Elle fit changer en fleuve son amant, le berger Acis, victime de la jalousie du Cyclope Polyphème.

Harmonie : fille d'Arès et d'Aphrodite.
Hélène : femme de Ménélas pour qui les Grecs combattirent Troie.
Héra : déesse du mariage.
Hermione : fille unique de Ménélas et d'Hélène.
Hestia : déesse grecque du foyer.

Ino : fille de Cadmos transformée en déesse marine.
Io : princesse d'une grande beauté aimée de Zeus, qui fut transformée en génisse d'une merveilleuse blancheur.
Iris : déesse de l'arc-en-ciel, elle symbolise la liaison entre la Terre et le Ciel, entre les dieux et les hommes.
Isis : déesse égyptienne dont le culte s'est répandu dans le monde gréco-romain. Mère des dieux, victorieuse des puissances de la nuit, principe féminin universel, déesse de la magie, elle préside aux transformations des choses et des êtres.
Ismène : sœur d'Antigone, fille d'Œdipe et de Jocaste.

Junon : reine des dieux, elle personnifie le cycle lunaire. Elle est la protectrice des femmes, particulièrement des femmes mariées.

Médée : magicienne qui protège Jason lors de sa quête de la Toison d'or.
Myrrha : fille du roi de Chypre, transformée en arbre à myrrhe.

Pandore : première femme de l'humanité, à qui chacun des dieux donna une qualité : beauté, grâce, habileté manuelle, persuasion, etc., sauf Hermès, qui mit dans son cœur mensonge et fourberie. Elle ouvrit une boîte contenant tous les maux qui affligent depuis les humains.

Pasiphaé : femme de Minos, Poséidon lui inspira un amour irrésistible pour un taureau monstrueux. De ces amours naquit le Minotaure.

Pénélope : femme d'Ulysse. Fidèle à son mari pendant les vingt ans de son absence.

Persé : fille d'Océan et de Téthys, et femme du Soleil.

Phèdre : Femme de Thésée, amoureuse de son beau-fils Hippolyte.

Pomone : nymphe qui veille sur les fruits et les jardins.

Psychée : jeune fille d'une beauté surhumaine dont s'éprend l'Amour lui-même.

Rhéa : mère de Zeus.

Sélénè : personnification de la Lune, belle jeune femme qui parcourt le ciel sur un char d'argent traîné par deux chevaux.

Thalie : muse de la comédie.

Vénus : déesse de la beauté et de l'amour.

Vesta : déesse romaine du foyer domestique.

♂ Garçons

Acamas : fils de Thésée et de Phèdre.

Achille : héros de l'Iliade. Il fut baigné par sa mère dans l'eau du Styx, le fleuve infernal, afin de le rendre invulnérable. Cependant, le talon, par lequel sa mère le tint, ne fut pas touché par l'eau magique et resta vulnérable.

Adonis : dieu de la végétation, amant d'Aphrodite, doté d'une beauté incroyable.

Agamemnon : le roi légendaire de Mycènes et d'Argos.

Ajax : personnage de l'Iliade. Il enleva Cassandre dans le temple d'Athéna. La déesse le fit périr dans un naufrage.

Alphée : dieu du fleuve du même nom.

Apollon : dieu de la beauté, de la lumière, des arts et de la divination.

Arcas : fils de Zeus et de Callisto, il fut transformé en constellation auprès de sa mère, la Grande Ourse.

Aristée : fils de la nymphe Cyrène, il apprit entre autres aux hommes l'art de la laiterie et l'élevage des abeilles.

Attis : dieu grec de la végétation.

Bacchus : voir Dionysos.

Castor : frère jumeau de Pollux, fils de Zeus et de Léda.

Démophon : fils du roi d'Éleusis.

Diomède : un des héros argiens de la guerre de Troie, renommé pour son courage.

Dionysos : dieu de la vigne et du vin.

Énée : héros troyen.

Éole : dieu des vents.

Éros : dieu de l'amour.

Faunus : dieu protecteur des troupeaux et des bergers.

Ganymède : jeune héros appartenant à la race royale de Troie. Il passait pour le plus beau des mortels.

Hector : héros troyen fils de Priam et mari d'Andromaque, très aimé du peuple.

Hélios : personnification du soleil, il parcourt le ciel sur un char de feu traîné par des chevaux doués d'une très grande rapidité.

Héphaïstos : dieu du feu et de la métallurgie.

Hercule : héros le plus populaire de la mythologie classique.

Hermès : dieu des voyageurs, des marchands et des voleurs, messager des dieux.

Hippolyte : fils de Thésée, dont sa belle-mère était amoureuse.

Icare : fils de Dédale qui chercha à voler par tous les moyens.

Ixion : roi thessalien.

Janus : dieu des portes.

Jason : héros thessalien qui organisa l'expédition des Argonautes pour conquérir la Toison d'or.

Jupiter : père et maître des dieux.

Lélex : héros de Leucade.

Liber : équivalent de Dyonisos.

Lycaon : héros arcadien.

Mars : dieu de la guerre.

Ménélas : roi de Sparte, il poussa les Grecs à la guerre contre Troie pour reprendre sa femme, Hélène, enlevée par Pâris.

Mercure : dieu des voyageurs et du commerce.

Midas : roi qui a le pouvoir de changer en or tout ce qu'il touche. Apollon lui fit pousser des oreilles d'âne.

Minos : roi légendaire de Crète, juste et sage.

Morphée : l'un des mille enfants du Sommeil, il prend la forme d'êtres humains et se montre aux hommes endormis pendant leurs rêves.

Narcisse : beau jeune homme qui méprisait l'amour ; séduit par sa propre image, il tomba dans l'eau et s'y noya. Une fleur portant son nom poussa alors à cet endroit.

Neptune : dieu de la mer.

Nestor : héros de la guerre de Troie, type du sage conseiller.

Océan : personnification de l'eau qui entoure le monde.

Oreste : fils d'Agamemnon et de Clytemnestre.

Orion : chasseur légendaire.

Orphée : il descendit aux enfers pour y chercher sa femme Eurydice.

Pâris : il enleva Hélène et provoqua la guerre de Troie.

Philoctète : célèbre archer de la guerre de Troie, il tua Pâris.

Pollux : frère jumeau de Castor, fils de Zeus et de Léda.

Poséidon : dieu de la mer.

Priam : dernier roi de Troie.

Prométhée : personnage de la race des Titans, initiateur de la première civilisation.

Rémus : frère de Romulus, fondateur de Rome.

Romulus : fondateur de Rome.

Saturne : dieu des moissons.

Télémaque : fils d'Ulysse et de Pénélope.

Thésée : roi légendaire d'Athènes.

Ulysse : roi d'Ithaque, héros de l'Odyssée d'Homère.

Vulcain : dieu romain du feu et de la métallurgie.

Zeus : divinité suprême de l'Olympe, fils de Cronos et de Rhéa.

Nos choix

♀ Filles

Aglaé

Étymologie : grecque. De *aglaïa*, rayonnante de beauté.

Traits dominants : Pétillante, toujours souriante et volubile, elle est un rayon de soleil pour son entourage. Ses amis sont nombreux : ce ne sont pas des confidents, mais plutôt des compagnons de plaisir et de fête. Elle évolue souvent dans le domaine des communications.

Cassandre

Étymologie : grecque. De *kassandra*, qui aide les hommes.

Traits dominants : Elle vit dans l'avenir et oublie trop souvent de profiter du moment présent. Jeune, elle est amoureuse de l'amour et perçoit ses amoureux comme elle voudrait qu'ils soient et non comme ce qu'ils sont. Elle sort grandie de ses désillusions car elle est forte et croit en sa bonne étoile. C'est quand elle se décide à sortir enfin de l'adolescence qu'elle trouve l'amour dont elle a toujours rêvé.

Hermione

Étymologie : germanique. De *irmin*, majestueux, immense.

Traits dominants : Elle est franche et directe et son humour est caustique. C'est une rebelle. Elle inspire des passions dévorantes.

♂ Garçons

Hector

Étymologie : grecque. De *ekhein*, celui qui détient.

Traits dominants : Il est ambitieux et apprécie les biens matériels et le confort. La vie de bohème n'est pas pour lui ! Il a besoin de savoir où il s'en va, d'organiser son temps, de prévoir à long terme. Une compagne un peu fantaisiste lui fait le plus grand bien.

Hippolyte

Étymologie : grecque. De *hippolutos*, qui délie les chevaux.

Traits dominants : C'est un orgueilleux. Il est brillant et sa soif de connaissances est sans bornes. Il ne se déclare amoureux que lorsqu'il a trouvé un être qu'il juge à sa hauteur intellectuellement. Son amour est alors indestructible.

Ulysse

Étymologie : grecque. Héros de L'Odyssée.
Traits dominants : Passionné, il poursuit ses projets avec ténacité. Son courage n'a d'égal que sa patience. Il est fidèle en amour comme en amitié.

La tradition chinoise

En Chine, c'est uniquement le prénom qui donne son individualité à la personne car les noms de famille sont presque toujours les mêmes. Le prénom est d'ailleurs placé après le nom de famille.

Le prénom chinois est presque toujours composé et il est constitué d'éléments ayant un sens. Il est lié au destin de l'enfant, mais est aussi un indice révélateur de la situation sociale et culturelle de la famille. Le prénom n'est pas choisi dans une liste déjà existante, mais est créé pour chaque enfant en puisant dans tous les mots de la langue. En « fabriquant » le prénom de leur enfant, les parents ont des objectifs clairs : qu'il soit riche, qu'il soit en santé, qu'il étudie, etc. Le choix des parents sera aussi dicté par l'horoscope, les circonstances ou la date de la naissance – entre autres.

Autrefois, la tradition voulait qu'on donne exclusivement aux filles des prénoms inspirés des fleurs, des pierres précieuses, de tout ce qui a des connotations de beauté et de vertu. Aujourd'hui, on leur donne volontiers des prénoms aux significations plus proches de celles des garçons : courage, détermination, force, par exemple.

Les rites de l'hindouisme

Choisir un nom pour un nouveau-né est un des rites les plus importants de l'hindouisme. Le choix est déterminé en accord avec les textes sacrés et avec l'horoscope. Il est fréquent que le prénom soit composé.

La plupart des prénoms sont directement inspirés des divinités, de leurs incarnations, de leurs qualités ou attributs, des personnages de la mythologie, des saints et des sages. En répétant son prénom chaque fois que l'on s'adresse à l'enfant, on rend hommage à la divinité et on place l'enfant sur la voie de celle-ci. Le prénom doit pouvoir être un guide pour celui ou celle qui le portera.

Prénoms bibliques : intemporels

La Bible nous offre toutes sortes de prénoms, des plus courants aux plus originaux. Certains, utilisés depuis le Moyen Âge, sont des classiques intemporels, comme les prénoms des apôtres : Jacques, Simon, Matthieu, etc. D'autres, issus de l'ancien testament, sont en vogue aujourd'hui : Adam, Nathan, Jérémie, Samuel, Noé et son équivalent anglais Noah ... Dans les pays anglophones, beaucoup de ces prénoms plaisent depuis longtemps : si Joshua est un prénom que l'on rencontre beaucoup, on ne peut pas en dire autant de son équivalent français Josué. Et il est très rare de croiser un petit Jésus, alors que ce prénom est courant dans les pays hispanophones. Voici une liste de prénoms tirés de l'ancien et du nouveau testament. Le temps est venu de redécouvrir la beauté de Talia, Yona, Cassia, Salomon, Barnabé ou Ada...

♀ Filles

Abana	Ayala	Chloé
Abi		
Abigaël	Bérénice	Dahlia
Ada	Bethsabée	Dalila
Anne		Daphné
Atara	Carmelle	Daria
Athalie	Cassia	Deborah

Dinah	Léa	Rachel
	Lily	Rebecca
Eden	Liorah	
Edna		Salomé
Ela	Mara	Saphira
Élisabeth	Marie	Sarah
Esther	Marie-Madeleine	
Ève	Marisa	Tabitha
	Maya	Talia
Gabrielle	Morane	Telma
Grâce	Myriam	
		Yaël
Hannah	Neïma	Yasmine
	Néora	Yona
Iris	Noa	
Jessica	Paersis	
Judith	Priscilla	

Noé

Sa variante Noah est au top 50 des prénoms actuels en Belgique. Autre variante : *Noa*.

En hébreu, *noah* veut dire repos. Alors que la terre était menacée de destruction par le deluge, Noé a construit une arche et y a fait monter, animaux, insectes, oiseaux, par couple, puis sa femme et ses enfants. Ils y vécurent cinquante-deux jours, jusqu'à ce que la pluie cesse et que la terre puisse à nouveau les accueillir.

Noa est aussi un nom féminin, de l'hébreu *noa*, qui signifie se déplacer. Dans la Bible, Noa était une des filles de Celofehad, qui réclamèrent l'héritage paternel au temps où seuls les fils pouvaient hériter. Elles finirent par épouser les fils de leurs oncles et leur héritage resta ainsi dans la tribu à laquelle appartenait le clan de leur père.

♂ Garçons

Aaron
Abel
Abraham
Adam
Amnon
Amos
Ariel

Barnabé
Bartholomé
Basha
Benjamin

Caleb
Corneille
Cyrus

Daniel
Darius
David

Éléazar
Élias
Élie
Élisée
Emmanuel
Ethan
Étienne
Ézéchiel
Félix

Gabriel

Gad
Gallio
Gédéon
Goliath

Hérode

Ilan
Isaac
Ismaël

Jacob
Jacques
Jaïrus
Jason
Jean
Jean-Baptiste
Jérémie
Jésus
Joachim
Job
Joël
Jonas
Jonathan
Joseph
Josué

Lazare
Liam
Luc

Marc

Mathias
Matthieu
Moïse

Nathan
Nathanaël
Noé

Paul
Philémon
Philippe
Pierre

Raphaël
Roch

Salomon
Samson
Samuel
Siméon
Simon

Théophile
Thomas
Titus
Tobiah

Zacharie

Nos choix

♀ Filles

Ève

Étymologie : hébraïque. De *havvah*, source de vie.

Dérivés : Ava, Éva, Évelyne

Traits dominants : Elle a envie de conquérir le monde et le cœur de chacun. Elle adore voir de nouveaux horizons, rencontrer de nouvelles personnes, connaître de nouvelles façons de vivre. Elle bouillonne d'énergie et d'idées.

Salomé

Étymologie : hébraïque. De *shalom*, paix.

Dérivés : Loma, Loménia

Traits dominants : Son charme énigmatique ensorcelle. Intelligente et structurée, c'est une femme d'affaires avertie. Cependant, si sa vie amoureuse n'est pas harmonieuse, elle ne peut donner son plein rendement.

Talia

Étymologie : hébraïque. De *tal*, rosée.

Traits dominants : Elle semble planer au-dessus du commun des mortels. Sa beauté et sa douceur font chavirer les cœurs. Mais elle est la femme d'un seul amour.

♂ Garçons

Adam

Étymologie : hébraïque. De *adama*, terre.

Traits dominants : S'il est un travailleur acharné et ambitieux, il ne néglige pas les plaisirs de la vie. Audacieux, il recherche les défis et les relève avec brio. C'est un leader naturel.

David

Étymologie : hébraïque. De *dôdi*, bien aimé.

Traits dominants : Il inspire l'amour, il provoque l'admiration. Et il se sert de son charisme pour rallier son entourage aux causes humanitaires qu'il défend. Il traverse la vie en héros.

Zacharie

Étymologie : hébraïque. De *zekkaria*, Dieu s'est souvenu.

Traits dominants : Entreprenant et volontaire, il place sa réussite professionnelle avant tout. Il étudie jusqu'à un âge avancé. Il ne supporte pas l'échec.

La tradition juive

Selon la tradition juive, en donnant un prénom à son enfant, on détermine son caractère, sa spécificité et le chemin qu'il prendra dans la vie. Le Talmud dit qu'un ange vient chuchoter à l'oreille des parents le nom juif que l'enfant portera.

Les Juifs ashkénazes ont coutume de donner à l'enfant le nom d'un parent décédé. Le nom et la mémoire du défunt sont ainsi maintenus vivants et un lien s'établit entre l'âme du bébé et celle du parent disparu.

Les Juifs sépharades, eux, ont le choix de donner à leur enfant le nom d'un membre de la famille encore vivant. D'ailleurs, ils donnent généralement à leurs fils et fille aînés le nom du grand-père ou de la grand-mère paternels.

Certains ont l'usage de choisir le nom en fonction de la fête juive coïncidant avec le jour de la naissance. Par exemple, un bébé né à Pourim pourra être prénommé Esther ou Morde'haï.

Une fille née à Chavouot pourra être appelée Ruth et un garçon né à Ticha B'Av, un jour de deuil juif, pourra recevoir le nom de Ména'hem (celui qui console) ou Né'hama (consolation).

Le nom d'Esther, l'héroïne de Pourim, vient du verbe «cacher, dissimuler». Sa beauté était célèbre, et c'est pourquoi elle fut désignée pour devenir reine, mais quel que fût son aspect extérieur, ses qualités intérieures étaient encore plus belles.

Il est important pour les Juifs de choisir un prénom qui aura un effet positif, puisque, disent-ils, chaque fois qu'il sera employé, la personne qui le porte se souviendra de sa signification.

Une tradition, qui est en fait plus une superstition, veut que l'on change le prénom d'une personne victime de malheurs (maladie, etc.) pour «tromper» l'ange du mal et l'éloigner.

Les prénoms
du calendrier

Jusqu'au 10ᵉ siècle, les prénoms français sont majoritairement d'origine germanique. C'est entre le 10ᵉ et le 13ᵉ siècle que les prénoms chrétiens s'imposent. Ils sont tirés de l'ancien puis du nouveau testament. En 1539, François Iᵉʳ, par l'édit de Villers-Cotterêts, confie à l'Église le soin de tenir les registres des naissances. Le Clergé veille à ce que les enfants soient baptisés du nom d'un saint, qui sera leur patron, leur protecteur et, qui sait, une inspiration. La liste qui suit n'est pas exhaustive, bien sûr, car il existe beaucoup, beaucoup de saints à qui se vouer !

Le calendrier républicain

L'usage des noms de saints connaît une interruption de quelques années, après la Révolution française. Le 22 septembre 1792, la première République française fait adopter un nouveau calendrier. Les noms des mois sont changés, les fêtes chrétiennes sont abolies et les noms des saints sont remplacés par des noms de fleurs, d'animaux ou de vertus. Ces nouveaux prénoms ne sont pas beaucoup utilisés, mais on retrouve tout de même pendant les années de la première République quelques Tulipe, Lièvre, Oignon, Justice, Primevère, Lentille, Basilic, Égalité, Houblon et Lauréole (un arbrisseau à baies toxiques)… Les parents républicains puisent aussi leur inspiration dans l'Antiquité avec des prénoms comme Numa (deuxième roi légendaire de Rome) ou Thaïs (courtisane athénienne, maîtresse d'Alexandre le Grand) ou bien ils donnent à leurs enfants le nom de leurs héros (Marat, Saint-Just).

♀ Filles

Adélaïde	16 décembre	Camilla	14 juillet
Adèle	24 décembre	Catherine	29 avril
Adeline	20 octobre	Cécile	22 novembre
Agathe	5 février	Céline	21 octobre
Aglaé	14 mai	Césarine	12 janvier
Agnès	21 janvier	Chantal	12 août
Aimée	20 février	Charlotte	17 juillet
Alda	26 avril	Christine	24 juillet
Alexandra	20 mars	Claire	11 août
Alice	23 juin	Clarisse	12 août
Alida	26 avril	Clémence	21 mars
Alix	9 janvier	Clotilde	4 juin
Amandine	9 juillet	Colette	6 mars
Amour	9 août	Cora	18 mai
Anastasie	25 décembre	Coralie	18 mai
Angèle	27 janvier	Corinne	18 mai
Anne	26 juillet		
Apolline	9 février	Diane	9 juin
Ariane	17 septembre	Dolorès	15 septembre
Arielle	1er octobre	Dominique	8 août
Aude	18 novembre		
Auréa	19 juillet	Édith	16 septembre
		Edwige	16 octobre
Barbe	4 décembre	Éléonore	14 octobre
Béatrice	13 février	Elisabeth	4 juillet
Bénédicte	16 mars	Élodie	22 octobre
Bérénice	4 février	Elvire	16 juillet
Bernadette	18 février	Émeline	27 octobre
Bertille	6 novembre	Émilie	19 septembre
Bibiane	2 décembre	Emma	19 avril
Blandine	2 juin	Estelle	11 mai
Brigitte	23 juillet	Etheldrede	23 juin

Eugénie	7 février	Julienne	16 février
Eulalie	10 décembre	Juliette	30 juillet
Évelyne	1er septembre	Justine	12 mars
Fabiola	27 décembre	Karine	7 novembre
Fatima	13 mai		
Faustine	5 octobre	Larissa	26 mars
Félicité	7 mars	Léa	22 mars
Fidèle	24 avril	Léocadie	9 décembre
Fleur	5 octobre	Linda	28 août
Flora	24 novembre	Louise	15 mars
Florence	1er décembre	Lucie	13 décembre
Françoise	9 mars	Lydie	3 août
Geneviève	3 janvier	Madeleine	22 juillet
Germaine	15 juin	Marcella	31 janvier
Gisèle	7 mai	Marguerite	16 novembre
Gladys	29 mars	Marie	24 janvier
Grace	21 août	Marietta	6 juillet
Gwendoline	14 octobre	Marina	20 juillet
		Marthe	4 juin
Hélène	18 août	Martine	30 janvier
Héloïse	11 février	Mathilde	14 mars
Hermine	9 juillet	Monique	27 août
Honorine	27 février		
		Nadège	18 septembre
Inès	10 septembre	Natacha	26 août
Ingrid	2 septembre	Nathalie	27 juillet
Irène	5 avril	Nina	14 janvier
Isabelle	22 février	Ninon	15 décembre
Isaure	17 juin	Noémie	21 août
Jeanne	12 août	Odette	20 avril
Joséphine	8 février	Odile	14 décembre
Judith	5 mai		
Julie	7 octobre	Paule	26 janvier

Pauline	9 janvier	Sylvie	31 décembre
Pélagie	8 octobre		
Perrine	6 avril	Tatiana	12 janvier
Pétronille	1er mai	Théa	19 décembre
Prudence	6 mai	Théodora	11 septembre
		Thérèse	1er octobre
Raïssa	5 septembre		
Reine	7 septembre	Valentine	25 juillet
Rolande	13 mai	Valérie	28 avril
Romaine	23 février	Virginie	7 janvier
Rosalie	4 septembre	Véronique	4 février
Rose	23 août	Viridiane	1er février
Roseline	17 janvier		
Rosine	11 mars	Yolande	17 décembre
		Yvette	13 janvier
Sabine	29 août		
Salomé	3 août	Zaïda	21 août
Sara	16 septembre	Zita	27 avril
Solange	10 mai	Zoé	2 mai
Sophie	25 mai	Zoraïda	21 août
Stéphanie	2 janvier		

Élisabeth et Isabelle

Saviez-vous qu'Isabelle et Élisabeth étaient en fait un seul et même prénom ? Isabelle est l'orthographe française de la traduction hispanique d'Élisabeth, Isabel ou Isabela. Au fil des siècles, Élisabeth a généré plusieurs variantes, qui pour la plupart sont devenues des prénoms à part entière : Babette, Belita, Bella, Belle, Bess, Bessie, Beth, Betsy, Bettina, Élia, Élisa, Élise, Elsa, Else, Elseline, Elsie, Isa, Isabeau, Isabelle, Libby, Lillah, Lily, Lisbeth, Lise, Lison, Lisette, Ysabel... Les prénoms masculins qui en dérivent : Élisée et Eliseo.

Élisabeth vient de l'hébreu *el isha beth*, qui signifie Dieu est promesse. Dans l'Ancien Testament, Elisheva est la femme d'Aaron. Dans le Nouveau Testament, Élisabeth est la cousine de la Vierge Marie et la mère de saint Jean-Baptiste.

♂ Garçons

Abel	5 août	Barthélémy	24 août
Achille	12 mai	Basile	2 janvier
Adelphe	11 septembre	Baudoin	17 octobre
Alain	31 décembre	Benjamin	31 mars
Alaric	29 septembre	Benoît	11 juillet
Alban	22 juin	Béranger	26 mai
Albert	15 novembre	Bernard	21 août
Albin	1er mars	Bernardin	20 mai
Alexandre	22 avril	Bertrand	6 septembre
Alexis	10 juillet	Blaise	3 février
Alix	9 janvier	Boniface	19 février
Ambroise	7 décembre	Boris	2 mai
Amédée	30 mars	Briac	18 décembre
Amour	9 août	Brice	13 novembre
André	30 novembre	Bruno	6 octobre
Anicet	17 avril		
Anschaire	3 février	Camille	18 juillet
Anselme	21 avril	Casimir	4 mars
Anthelme	26 juin	Célestin	19 mai
Antoine	13 juin	Christian	12 novembre
Antonin	10 mai	Christophe	21 août
Aristide	31 août	Clair	1er juin
Armand	23 décembre	Claude	15 février
Armel	16 août	Clément	23 novembre
Arnaud	10 février	Côme	26 septembre
Arnould	18 juillet	Constant	23 septembre
Arsène	19 juillet	Constantin	21 mai
Auguste	7 octobre	Crépin	25 octobre
Augustin	28 août	Cyrille	18 mars
Aurèle	20 juillet		
Aymard	29 mai	Damase	11 décembre
		Damien	26 septembre
Barnabé	11 juin	Daniel	11 décembre

David	29 décembre	Félicien	9 juin
Davy	20 septembre	Félix	12 février
Démétrius	26 octobre	Ferdinand	30 mai
Denis	9 octobre	Fernand	27 juin
Désiré	8 mai	Fiacre	30 août
Didier	23 mai	Fidèle	24 avril
Dominique	8 août	Firmin	11 octobre
Donatien	24 mai	Florent	4 juillet
		Florentin	24 octobre
Edmond	20 novembre	Florian	4 mai
Édouard	5 janvier	François	4 octobre
Élisée	14 juin	Frédéric	18 juillet
Éloi	1er décembre	Fulbert	10 avril
Émile	22 mai		
Emmanuel	25 décembre	Gabin	19 février
Étienne	26 décembre	Gabriel	29 septembre
Eudes	19 août	Gaétan	7 août
Eugène	21 mai	Gaston	6 février
Évrard	14 août	Gatien	18 décembre
		Gauthier	9 avril
Fabien	20 janvier	Georges	23 avril
Fabrice	22 août	Gérald	5 décembre

Quelques saints patrons

Ambassadeurs : saint Gabriel
Avocats : saint Yves
Boulangers : saint Honoré ou saint Michel
Bouchers : saint Barthélémy
Brasseurs : saint Arnoul
Charpentiers : saint Joseph
Chirurgiens : saint Cosme
Coiffeurs : saint Louis
Comptables : saint Matthieu
Confiseurs : saint Antoine
Dentistes : sainte Apolline

Écrivains : saint François de Sales
Éditeurs : saint Jean Bosco
Horlogers : saint Éloi
Hôteliers : sainte Marthe
Infirmiers : saint Camille de Lellis
Jardiniers : saint Fiacre
Médecins : saint Pantaléon ou saint Luc
Navigateurs : saint Raphaël
Parfumeurs : sainte Marie-Madeleine
Peintres : saint Luc
Voyageurs : saint Christophe

Gérard	3 octobre	Igor	5 juin
Géraud	13 octobre	Innocent	26 novembre
Germain	28 mai	Irénée	28 juin
Ghislain	10 octobre	Isidore	4 avril
Gilbert	7 juin	Ismaël	16 juin
Gildas	29 janvier		
Gilles	1er septembre	Jacques	3 mai
Godefroy	8 novembre	Jean	27 décembre
Gontran	28 mars	Jérémie	1er mai
Grégoire	3 septembre	Jérôme	30 septembre
Guillaume	10 janvier	Jésus	25 décembre
Guy	12 juin	Joachim	26 juillet
Gwenolé	3 mars	Joseph	19 mars
		Jude	28 octobre
Habib	27 mars	Judicaël	17 décembre
Henri	13 juillet	Jules	12 avril
Herbert	20 mars	Julien	16 mars
Hermann	25 septembre	Justin	1er juin
Hervé	17 juin		
Hilaire	13 janvier	Kevin	3 juin
Honoré	16 mai		
Hubert	3 novembre	Landry	10 juin
Hugues	1er avril	Laurent	10 août
Humbert	25 mars	Lazare	23 février
Hyacinthe	17 août	Léon	10 novembre
Ignace	31 juillet	Louis	25 août

Quelques saints papes

Saint Lin	Saint Pontien	Saint Miltiade
Saint Télesphore	Saint Antère	Saint Damase
Saint Pie	Saint Corneille	Saint Zozime
Saint Soter	Saint Lucius	Saint Vitalien
Saint Eleuthère	Saint Eutychien	Saint Agathon
Saint Calixte	Saint Caïus	
Saint Urbain	Saint Marcellin	

Lubin	15 septembre	Patrice	17 mars
Luc	18 octobre	Patrick	17 mars
Lucien	8 janvier	Paul	29 juin
		Paulin	11 janvier
Maël	24 mai	Perpétue	7 mars
Malo	10 octobre	Philippe	3 mai
Marc	25 avril	Pierre	29 juin
Marceau	29 juin	Pons	3 mars
Marcel	16 janvier	Prosper	24 juin
Marcellin	6 avril		
Marien	19 août	Quentin	31 octobre
Marius	19 janvier		
Martial	30 juin	Raoul	7 juillet
Martin	11 novembre	Raphaël	29 septembre
Martinien	2 juillet	Raymond	7 janvier
Matthias	14 mai	Rémi	15 janvier
Matthieu	21 septembre	René	26 septembre
Maurice	22 septembre	Richard	3 avril
Maxime	14 avril	Robert	24 avril
Mayeul	11 mai	Rodolphe	21 juin
Médard	8 juin	Rodrigue	13 mars
Michel	29 septembre	Roger	30 décembre
		Romain	28 février
Narcisse	29 octobre	Romaric	10 décembre
Nestor	26 février	Roméo	25 février
Nicolas	1er décembre	Romuald	19 juin
Noël	20 février		
Norbert	6 juin	Samson	28 juillet
		Saturnin	29 novembre
Odilon	4 janvier	Sébastien	20 janvier
Olivier	12 juillet	Sidoine	14 novembre
		Silvère	20 juin
Pacôme	9 mai	Simon	28 octobre
Parfait	18 avril	Stanislas	11 avril
Pascal	17 mai	Sylvain	4 mai
Paterne	15 avril	Sylvestre	31 décembre

Tanguy	19 novembre	Venceslas	28 septembre
Théodore	9 novembre	Vianney	4 août
Théophile	20 décembre	Victor	21 juillet
Thérèse	9 août	Victorien	23 mars
Thibaud	8 juillet	Vincent	22 janvier
Thierry	1er juillet	Vivien	10 mars
Thomas	3 juillet		
Toussaint	1er novembre	Wilfrid	12 octobre
Ulrich	10 juillet	Yves	19 mai
Valentin	14 février	Zacharie	15 mars
Valère	20 février	Zénon	20 décembre

Nos choix

♀ Filles

Amandine

Étymologie : latine. De *amans*, amoureux.

Dérivé : Amanda

Traits dominants : C'est une cérébrale qui adore tout analyser, surtout elle-même. Elle donne volontiers des conseils à ses amis et est du genre qui a réponse à tout. Coquette, elle est toujours le centre d'attraction.

Jeanne

Étymologie : hébraïque. De *Yohanân*, Dieu a fait grâce.

Dérivés : Jane, Jeannette, Jeannie, Janine, Jenny, Johanne, Joana, Giana, Nanette, Nita

Traits dominants : Nerveuse et émotive, elle a besoin d'un environnement sécurisant. Elle a une grande capacité de travail et de dévouement. Elle choisit souvent une profession qui lui permet d'aider les autres.

Ninon

Étymologie : hébraïque. Dérivé d'Anne, de *hannah*, grâce.

Traits dominants : Elle est capricieuse et aimerait bien que les autres se plient à ses quatre volontés! En fait, elle passe son temps à tester l'amour qu'on lui porte. Elle cache une grande sensibilité.

♂ Garçons

Boris

Étymologie : slave. De *borets*, combattant.

Traits dominants : C'est un intellectuel au tempérament d'artiste. Il aime ce qui est d'avant-garde et a des goûts très éclectiques. Ses amours sont avant tout des amitiés.

Rodolphe

Étymologie : germanique. De *krod*, gloire, et *wulf*, loup.

Dérivés : Rudolf, Rudel

Traits dominants : Il est entouré d'une véritable aura de séduction et de romantisme. Il est choyé, adulé, mais cela ne lui monte pas à la tête. Il recherche avant tout la vérité et l'authenticité des sentiments.

Émile

Étymologie : latine. De *aemulus*, émule.

Dérivés : Emil, Émilien, Milan, Millian, Milo

Traits dominants : Il aime faire la fête, mais il aime aussi travailler car il a certainement une profession dans laquelle il se sent comme un poisson dans l'eau. De toute façon, quoi qu'il fasse, il est heureux car il déborde de vie et d'optimisme. Sa joie de vivre n'a d'égale que sa loyauté et sa fidélité à ses amis et à ses amours. Il a une intelligence fine, un sens de l'humour aiguisé et un charme fou auquel on ne peut guère résister.

Les prénoms des anciens Romains

Certains prénoms français dérivent des prénoms utilisés par les anciens Romains (par exemple, Quentin vient de Quintus, et Marc, de Marcus) ou des noms de famille romains (par exemple, Aurèle, qui vient de Aurelius, doré, ou Claude, de Claudius, boiteux). La majorité des prénoms romains étaient une indication du moment de la naissance, de la place dans la famille, etc.

Decimus (dixième)
Kaeso (né par césarienne)
Lucius (né avec la lumière)
Manius (né le matin)
Marcus
Numerius (calculateur)
Octavius (huitième)
Publius (du peuple)
Quintus (cinquième)
Servius (descendant d'esclave)
Sextus (sixième)
Spurius (bâtard)
Tiberius (du Tibre, le fleuve de Rome)
Titus

Choisissez la carrière de votre nouveau-né !

De sérieuses études de psychologie sociale suggèrent que nous sommes influencés par notre prénom pour notre choix de carrière : par exemple, aux États-Unis, il y aurait une grande proportion de Dennis chez les *dentists*. Vous pouvez donc tenter d'influencer votre futur enfant dès sa naissance ! Vous voulez une petite avocate ? Prénommez-la Ava ! Vous pensez qu'il est toujours utile d'avoir un médecin dans la famille ? Pensez à Médéric ! Mettez toutes les chances de votre côté : pour une fille cordonnière, choisissez Cordélia, pour un fils policier, optez pour Paul, et pour une fille éditrice, n'hésitez pas : c'est Édith !

Les prénoms étrangers : tendance

Aujourd'hui, on n'hésite plus à piger dans les prénoms d'autres cultures.

Prénoms anglais

♀ Filles

Abbie
Abigail
Alexis
Alice
Allison
Alyssa
Amber
Amelia
Amy
Anna
Ashley
Audrey
Ava

Bethany
Brianna
Brooke

Caitlin
Courtney

Daisy
Destiny

Eleanor
Elizabeth
Ella
Ellie
Emily
Emma
Erin

Freya

Georgia

Grace
Hailey
Haley
Hannah
Holly

Isabel
Isabella
Ivory

Jennifer
Jessica
Jordan
Julia

Kaitlyn
Katherine

Katie
Kayla
Kylie

Lauren
Leah
Lily
Lucy

Mackenzie
Madison
Megan
Mia
Millie
Molly
Morgan

Natalie
Nicole

Olivia

Paige
Phoebe
Poppy

Rachel
Rebecca
Ruby

Samantha
Sarah
Savannah

Shannon
Sophia
Sydney

Taylor

Vanessa
Victoria

♂ Garçons

Aaron
Adam
Aidan
Alexander
Alfie
Andrew
Angel
Anthony
Archie
Austin

Ben
Bradley
Brandon

Caleb

Callum
Cameron
Charles
Charlie
Christian
Christopher
Connor

Daniel
David
Dylan

Edward
Elijah
Ethan
Evan

Gabriel
George

Harrison
Harry
Harvey
Hunter

Isaac
Isaiah

Jack
Jacob
Jake
James
Jamie

Jason	Logan	Reece
John	~~Louis~~	Robert
Jonathan	Luke	Ryan
Jordan		
Joseph	Matthew	Samuel
Joshua	Max	
Justin	Michael	Thomas
		Tyler
Kevin	~~Nathan~~	
Kieran	Nicholas	William
Kyle	Noah	
		Zachary
Lewis	Oliver	
~~Liam~~	Owen	

Des prénoms hors du commun !

Des parents coréens de Winnipeg ont voulu rendre hommage à la culture de leur pays d'adoption et ont appelé leurs jumelles… Dairy et Queenie !

Un couple de Colombie-Britannique a appelé ses enfants Repent of Your Sins, Repent or Burn forever, Messiah is Coming, Mashiah Hosannah et God's Loving Kindness !

Orthographe excentrique

Ce n'est pas nouveau, modifier l'orthographe d'un prénom est une façon de le rendre unique, de se l'approprier. Il est intéressant de noter que ce phénomène est de plus en plus répandu. Disons que, par le passé, c'était souvent la personne qui modifiait elle-même son prénom. Aujourd'hui, ce sont les parents qui recherchent l'originalité pour leur enfant. Angélique devient Angélic, Marine devient Maryne, Maxime devient Maksim, Victoria devient Viktorya… Mais, attention ! Un prénom n'est pas toujours embelli par une orthographe bizarre…

Nos choix

♀ Filles

Daisy

Étymologie : persane. Dérivé de Margaret, de *magiritis*, perle.

Autres dérivés de Margaret : Margery, Peggy, May

Équivalent français : Marguerite

Traits dominants : Elle est pleine de contradictions! Forte et vulnérable, tendre et impétueuse, sociable et secrète. Sa personnalité est très attachante et ses nombreux amis savent qu'ils peuvent compter sur elle.

Ella

Étymologie : hébraïque. Dérivé de Elie, de *el yah*, Seigneur Dieu.

Dérivé : Elly

Traits dominants : Elle enchante par sa vivacité, son charisme. En amour, elle est volage car elle voudrait se faire aimer de tous! C'est une comédienne née.

Lily

Étymologie : latine. Dérivé de Lillian, de *lilium*, lis.

Autres dérivés de Lillian : Lian, Lila, Liliana, Lillie

Équivalents français : Liliane, Lili, Liane

Traits dominants : Elle exerce un grand ascendant sur son entourage. Énergique et persévérante, c'est une battante. Il est attendrissant de découvrir son petit côté fleur bleue.

♂ Garçons

Christopher

Étymologie : grecque. De *khristos*, Christ, et *phoros*, qui porte.

Dérivés : Chris, Christobal

Équivalent français : Christophe

Traits dominants : Son flegme apparent cache une hypersensibilité. Il a une vie intérieure très intense, qui s'exprime souvent dans le domaine artistique.

James

Étymologie : hébraïque. Forme anglaise de Jacques, de *ya'aqob*, que Dieu favorise.

Dérivés : Jack, Jake, Jay, Jim, Jimmy

Traits dominants : Il aime la société et amuse la galerie par son sens de l'humour et de la répartie. Il est aussi très indépendant et cultive son jardin secret. C'est un travailleur acharné qui sait s'aménager des moments de farniente pour préserver son équilibre.

Liam

Étymologie : germanique. Dérivé de William, de *will*, volonté, et *helm*, casque.

Autres dérivés de William : Billy, Wilhelm, Willem, Willis, Willy, Wilson

Équivalent français : Guillaume

Traits dominants : Altruiste, sensible, il n'hésite pas à se dévouer à des causes qui semblent perdues. C'est un passionné, curieux de tout. Il a une grande intuition.

Prénoms espagnols

♀ Filles

Adriana
Amalia
Amanda
Anita

Camila
Carlota
Carmen
Carolina
Catalina
Cecilia
Celia
Claudia
Consuelo
Cristina

Daniela
Diana
Dolores

Esmeralda
Esperanza
Evita

Flor
Francisca
Fresia
Frida

Gloria
Guadalupe

Ines
Isabel
Isaura
Isolde

Juanita
Julia
Juliana
Lucía
Luz

Manuela
Marcia
Margarita
María
Mariana
Marina
Marta
Maura
Mercedes
Mireya

Norma

Paloma
Paula

Paulina
Paz
Pilar

Ramona
Raquel
Rosa
Rosario

Sol
Soledad

Valeria

Ximena

♂ Garçons

Adrián
Alejandro
Alfonso
Alfredo
Alonso
Álvaro
Ángel
Antonio
Arturo
Aurelio

Camilo
Carlos
Claudio
Cristián

Diego

Eduardo
Emilio
Enrique
Ernesto
Estebán

Eugenio

Federico
Felipe
Francisco

Gonzalo
Guillermo

Héctor

Ignacio

Jaime
Javier
Jesús
Joaquín
Juan
Julio

Luis

Manuel

Martín
Mateo
Matías

Octavio

Pablo
Pedro

Rafael
Ramiro
Ramón
Raúl
Ricardo
Rubén

Salvador
Santiago
Sergio

Xavier

Nos choix

♀ Filles

Marina

Étymologie : latine. De *mare*, mer.

Équivalent français : Marine

Traits dominants : Elle déteste la solitude et a besoin des autres pour se sentir exister. Il faut dire qu'elle est toujours très entourée vu son charme et sa bonne humeur. Elle ne peut se passer ni d'amour ni d'amitié.

Paloma

Étymologie : latine. De *palumba*, pigeon.

Traits dominants : Franche et directe, elle ne se fait pas que des amis. Elle est entière et sans cesse en quête d'absolu. Elle est forte sous une apparente fragilité.

Sol

Étymologie : hispanique. Ce prénom qui veut dire soleil est un dérivé de Soledad, qui signifie solitude…

Traits dominants : Elle passe de la joie à la tristesse avec une facilité déconcertante pour ceux qui l'entourent. La danse est un art qui la passionne.

♂ Garçons

Estebán

Étymologie : grecque. De *stephanos*, couronne.

Équivalents français : Étienne, Stéphane

Traits dominants : Ce n'est pas un séducteur et pourtant il séduit. Ce n'est pas un fonceur et pourtant tout lui réussit. Il se plaît à penser qu'il est né sous une bonne étoile. Lorsqu'il est blessé, il se referme sur lui-même, mais en ressort plus fort.

Joaquín

Étymologie : hébraïque. De *Yehoyagim*, Yahvé s'est levé.

Équivalent français : Joachim

Traits dominants : Impulsif et passionné, il refuse toute contrainte. Il a toujours besoin de nouveauté. Il lui arrive de ralentir un peu le rythme et de prendre du recul … mais c'est pour mieux repartir vers l'aventure!

Octavio

Étymologie : latine. De *octavus*, huitième.

Équivalents français : Octave, Octavien

Traits dominants : Son charisme lui donne une très grande influence sur ceux qui l'entourent. S'il a tendance à être exigeant et même intransigeant, son charme indéniable fait qu'on a envie de lui obéir.

Prénoms italiens

♀ Filles

Alba
Alessia
Allegra
Amata
Angelica
Anna
Antonia
Arianna
Asia
Aurora

Beatrice
Benedetta
Bianca

Camilla
Carla
Carlotta
Caterina
Cecilia
Chiara
Claudia

Daniela

Elena
Eleonora
Elisa
Emma
Erika

Federica
Francesca

Gaia
Giada
Gina
Ginevra
Giorgia
Giulia

Ilaria
Isabella

Laura
Letizia
Linda
Ludovica

Margherita
Marta
Martina
Matilde

Nicola

Paola

Raffaela
Rebecca
Rosalina

Sara
Serena
Silvia
Sofia

Tiziana
Tristana

Valentina
Viola
Virginia

♂ Garçons

Alberto	Eugenio	Marco
Alessandro		Matteo
Alessio	Fabio	Mattia
Andrea	Federico	Michele
Angelo	Filippo	
Antonio	Francesco	Niccolo
Bartolo	Gabriele	Paolo
Battista	Giacomo	Pietro
	Giorgio	
Carlo	Giovanni	Riccardo
Cesare	Giulio	Roberto
	Giuseppe	
Daniele		Samuele
Dario	Hilario	Sebastiano
Davide		Simone
	Jacopo	Stefano
Edoardo		
Elia	Leonardo	Tommaso
Emanuele	Lorenzo	
Enrico	Luca	Valerio

Trop original ?

Si bien des parents ont réussi à donner à leurs enfants des noms qui évoquent des marques de voitures, de chaussures ou de meubles comme Kia, Nike ou Ikéa, d'autres n'ont pas pu appeler leur enfant… Spatule! Un juge de la cour supérieure a donné raison au Directeur de l'état civil dans un différend qui l'opposait à des parents qui désiraient prénommer ainsi leur enfant. Aux parents, qui revendiquaient le droit à l'originalité, le juge a répondu que «ce nom est d'abord celui d'un objet commun auquel n'est rattaché aucune qualité exceptionnelle; celui d'une fleur pas particulièrement prisée; et celui d'oiseaux échassiers au bec long et plat. L'intérêt de l'enfant doit prévaloir sur le souci d'originalité des parents.»

Nos choix

♀ Filles

Alba

Étymologie : latine. De *albus*, blanc.

Dérivé : Albina

Équivalent français : Albane

Traits dominants : Vive, spontanée, imaginative, elle séduit. Elle a besoin de confort matériel, et même carrément de luxe. Elle s'arrange pour l'obtenir grâce à son travail et à un réseau de personnes influentes.

Bianca

Étymologie : latine. De *bianca*, blanche. Autre étymologie possible : du germanique *blank*, brillant.

Dérivés : Blanca, Branca

Équivalent français : Blanche

Traits dominants : Émotive et intuitive, elle poursuit son idéal. Elle peut se réaliser autant dans le domaine artistique, que politique ou humanitaire.

Chiara

Étymologie : latine. Du latin *clara*, claire.

Dérivés : Clara, Clariana, Clariota, Clarita, Cléa, Clarissa

Équivalent français : Claire

Traits dominants : C'est une communicatrice. Elle a une intelligence fine et un bon sens de l'humour. Elle est sociable et s'épanouit dans une carrière qui demande un contact avec le public.

♂ Garçons

Federico

Étymologie : germanique. De *fried*, paix, et *rik*, royaume.

Équivalent français : Frédéric

Traits dominants : Enthousiaste, déterminé, entreprenant. Il a de grandes ambitions et aucun but ne lui semble impossible à atteindre.

Matteo

Étymologie : hébraïque. De *mattaï*, don, présent, et *Yâh*, Yahvé.

Équivalents français : Mathieu, Mathias, Mathis

Traits dominants : C'est un solitaire qui fait son chemin dans la vie sans demander l'aide de personne. Il semble souvent distant, voire méprisant, mais c'est pour se protéger contre sa trop grande sensibilité.

Valerio

Étymologie : latine. De *valere*, bien se porter.

Équivalents français : Valère, Valérien, Valéry

Traits dominants : D'une intelligence subtile et d'une intuition très fine, il est passionné par l'âme humaine. Ses deux carrières de prédilection : psychologue ou écrivain.

Choisir un nom de famille

Au Québec, plusieurs options s'offrent à vous pour le nom de famille de votre enfant.

Vous pouvez lui donner :

- le nom du père
- le nom de la mère
- le nom du père suivi d'un trait d'union puis du nom de la mère
- le nom de la mère suivi d'un trait d'union puis du nom du père

Si le père et/ou la mère ont un nom composé, vous ne pouvez pas donner à votre enfant tous ces noms, vous devez en choisir un maximum de deux, dans l'ordre que vous voulez, liés par un trait d'union.

Vous pouvez aussi décider de donner le nom de famille d'un des parents comme deuxième, troisième ou quatrième prénom.

Vous ne pouvez pas donner une initiale comme nom de famille.

Les prénoms géographiques : exotiques

♀ Filles

Africa
Alabama
Albany
Alexandrie
Alma
Asia

Caroline
Cheyenne
Chelsea
Chine
Cuba

Dakota

Eden
Europe

Florence
Florida
France

Georgia

Guyenne

Haifa
Havana

India
Indiana
Ireland
Italia

Java

Lorraine
Louisiane
Lourdes

Odessa
Olympia

Paris
Persia
Philippine

Roma
Romaine

Samara
Savannah
Sienna

Toscane

Vegas
Victoria
Vienna
Virginie

Wynona

♂ Garçons

Arno	Hudson	Phoenix
Austin	Indiana	Romain
	Israël	
Brazil		Santiago
	Pacifique	Sydney
Cuba	Paris	

Les prénoms les plus donnés au 20ᵉ siècle

Vous pouvez piger dans cette liste pour trouver des « valeurs sûres » ou, au contraire, vérifier que les prénoms que vous aimez ne s'y trouvent pas ! Si vous avez des goûts classiques, allez vers des prénoms indémodables, comme Nicolas, Mathieu ou Ariane, dont la popularité semble ne jamais décliner. Vous êtes plutôt tendance ? Optez pour Jeanne, Alice ou Marie, les prénoms de nos grand-mères qu'on est en train de redécouvrir.

♀ Filles

Alexandra	Danielle	Hélène
Annie	Denise	
Ariane	Diane	Isabelle
Audrey		
	Émilie	Jacqueline
Camille		Jeanne
Carole	France	Jeannine
Caroline	Francine	Jessica
Catherine		Jocelyne
Cécile	Gabrielle	Johanne
Céline	Geneviève	Josée
Chantal	Germaine	Julie
Claire	Ginette	
	Gisèle	Karine

Linda	Mélissa	Sarah
Line	Micheline	Simone
Lise	Michelle	Sophie
Louise	Monique	Stéphanie
Lucie		Suzanne
	Nancy	Sylvie
Madeleine	Nathalie	
Manon	Nicole	Thérèse
Marie	Noémie	
Marie-Ève		Valérie
Marie-Josée	Pierrette	Vanessa
Marie-Pierre		Véronique
Martine	Rita	
Maude	Roxanne	Yvonne
Mégane		
Mélanie	Sabrina	

Comment changer de prénom ?

Au Québec, pour changer de prénom, vous devez :
- avoir des motifs sérieux pour le faire
- être majeur
- avoir la citoyenneté canadienne
- être domicilié au Québec depuis au moins un an
- publier l'avis de changement de nom dans la *Gazette officielle du Québec* à deux reprises
- publier l'avis de changement de nom dans un journal local à deux reprises

Quels sont les frais encourus ?
- 125 $ à régler au Directeur de l'état civil
- 93 $ pour la publication dans la *Gazette officielle du Québec*
- frais pour la publication dans un journal local (variables)

Quels sont les délais d'attente ?
- le traitement de la demande peut prendre de trois à quatre mois

Vous trouverez tous les renseignements à ce sujet sur le site du Directeur de l'état civil : www.etatcivil.gouv.qc.ca

♂ Garçons

Alain
Alexandre
André

Benoît

Christian
Claude

Daniel
Dany
David
Denis
Dominique

Éric

Francis
François
Frédéric

Gabriel
Gérard
Gilles
Guy

Jacques
Jean
Jean-François
Jérémie
Jonathan

Joseph

Kevin

Louis
Luc

Marc
Marcel
Mario
Martin
Mathieu
Maxime
Michel

Nicolas
Normand

Patrick
Paul
Philippe
Pierre

Raymond
René
Richard
Robert
Roger
Roland

Samuel

Sébastien
Serge
Simon
Stéphane
Steve
Sylvain

William

Yves
Yvon

Nos choix

♀ Filles

Camille

Étymologie : latine. De *camillus*, nom donné au jeune homme qui assistait le prêtre pendant les sacrifices à Rome.

Dérivés : Camelle, Camila, Kamilka

Traits dominants : Elle a besoin d'indépendance pour se réaliser. Même si elle est sociable, elle a besoin de s'aménager des périodes de solitude. Elle déteste que sa vie privée et sa vie professionnelle empiètent l'une sur l'autre.

Gabrielle

Étymologie : hébraïque. De *gabar*, force, et *el*, Dieu.

Dérivés : Gabriela, Gaby

Traits dominants : Belle et sophistiquée, elle fait tourner bien des têtes. Sa vie amoureuse est plus importante à ses yeux que sa vie professionnelle. Mais elle ne s'imagine pas en couple, et surtout pas en mère de famille. Elle choisira de préférence un métier relié au domaine de la mode.

Sabrina

Étymologie : latine. Dérivé de Sabine, de Sabini, peuple qui occupait l'Italie centrale.

Traits dominants : Sa grâce naturelle séduit. Comme elle est timide et pas très sûre d'elle, cela la laisse quelque peu désemparée. Elle préfère étudier et préparer son avenir, tout en rêvant au prince charmant…

♂ Garçons

Alexandre

Étymologie : grecque. De *alexein*, repousser, et *andros*, homme.

Dérivés : Alex, Alexis, Sacha

Traits dominants : Il parle fort, il rit beaucoup, il remplit l'espace. Sa personnalité éclatante subjugue (ou rebute !). En amour ou en affaires, il ne doute jamais de sa réussite. Plus le défi est grand, plus il l'excite. Plus égocentrique qu'égoïste, il a de temps en temps de grands élans de générosité et d'altruisme.

Jérémie

Étymologie : hébraïque. De *yirmeyah*, Dieu élève.

Traits dominants : Il exerce un grand charme avec son air d'enfant. Mais derrière son sourire se cache un être volontaire qui obtient ce qu'il veut par la persuasion, tout en douceur. Il recherche la figure maternelle dans les femmes de qui il tombe amoureux.

Maxime

Étymologie : latine. De *maximus*, le plus grand.

Dérivés : Max, Maxence, Maximilien

Traits dominants : C'est un passionné et un orgueilleux. Très actif et exigeant, il est à l'aise lorsqu'on lui donne des responsabilités. C'est un organisateur : il ne laisse rien au hasard car l'imprévu le déstabilise. Sa vie amoureuse est intense.

Index

Marc, 39, 85, 109, 120, 124, 143
Marc-Antoine, 7
Marceau, 120
Marcel, 34, 54, 55, 57, 120, 143
Marcella, 115
Marcelle, 78, 119
Marcellin, 73, 119, 120
Marcello, 34
Marcia, 91, 130
Marco, 135
Marcus, 124
Margaret, 31, 40, 128
Margarita, 130
Margaux, 5, 10, 14, 16, 47
Margerie, 69
Margery, 128
Margherita, 134
Margie, 69
Margot, 10, 14, 47, 91
Marguerin, 47
Marguerite, 16, 22, 31, 40, 47, 115, 128
Marguerot, 47
María, 130
Mariana, 130
Marianne, 6, 8, 55, 67, 91
Maribelle, 78

Marie, 5, 10, 14, 39, 55, 69, 91, 108, 115, 141, 142
Marie-Ève, 142
Marie-Josée, 142
Marielle, 78
Marie-Lune, 26
Marie-Madeleine, 108, 118
Marien, 120
Marie-Pier, 24
Marie-Pierre, 24, 142
Marie-Soleil, 26
Marietta, 115
Marilou, 6, 91
Marilyn, 31, 76
Marin, 24, 73
Marina, 24, 31, 40, 42, 115, 130, 132
Marine, 10, 14, 24, 76, 99, 127, 132
Marinella, 24
Mario, 143
Marion, 10, 47, 71
Marisa, 108
Marisol, 26
Marius, 57, 120
Marjolaine, 22, 91
Marjorie, 69
Mark, 57
Marlon, 71
Marnie, 69
Marote, 47
Mars, 102

Marta, 130, 134
Marthe, 115, 118
Martial, 120
Martin, 15, 34, 73, 120, 143
Martín, 131
Martina, 134
Martine, 47, 76, 115, 142
Martinien, 120
Maryne, 127
Mat, 9
Mateo, 131
Mathelin, 49
Mathias, 9, 15, 17, 67, 109, 137
Mathieu, 7, 9, 11, 137, 141, 143
Mathilda, 91 94
Mathilde, 6, 10, 31, 50, 115
Mathis, 7, 9, 11, 137
Mathurin, 73
Matias, 9
Matías, 131
Matilda, 50
Matilde, 134
Matis, 7, 9
Matt, 9
Mattea, 9
Matteo, 42, 135, 137
Mattéo, 9, 11
Mattew, 9
Matthew, 7, 9, 127
Matthias, 9, 15, 120

Monica, 31, 39
Monique, 115, 142
Morane, 108
Morde'haï, 112
Mordret, 49
Morgan, 40, 62, 63, 126
Morgane, 10, 14, 49, 63
Morphée, 97, 102
Morpheus, 56
Muguette, 22
Muriel, 78
Murielle, 78
Musa, 81
Mylène, 31
Myra, 81
Myriam, 6, 108
Myrna, 31
Myrrha, 97, 99
Myrtille, 22, 23

N

Nadège, 115
Nadine, 76
Nagui, 40
Naia, 81
Naïm, 85
Naïri, 69
Naïs, 84
Naja, 81
Nana, 81
Nancy, 92, 142
Nanette, 122
Naomi, 69

Napoléon, 29, 35, 71
Narcisse, 19, 21, 103, 120
Natacha, 115
Natalie, 126
Natasha, 31
Nathalie, 64, 69, 92, 115, 142
Nathan, 5, 7, 11, 13, 15, 107, 109, 127
Nathanaël, 109
Naudin, 49
Nava, 81
Né'hama, 112
Neil, 62
Neïma, 108
Nèle, 78
Nelligan, 32
Nelly, 40, 69
Neo, 56
Néora, 108
Neptune, 103
Nestor, 103, 120
Néta, 81
Néva, 81
Nicaise, 49
Niccolo, 135
Nicholas, 127
Nick, 59, 85
Nickie, 69
Nico, 40
Nicola, 134

Nicolas, 7, 11, 15, 57, 59, 120, 141, 143
Nicole, 31, 39, 47, 126, 142
Nicolin, 73
Niels, 15, 85
Nigelle, 78, 164
Nika, 81
Nike, 135
Nikita, 35, 59
Nikos, 59
Nina, 14, 55, 81, 115
Nine, 40, 76, 84
Nini, 69
Nino, 62, 91, 93
Ninon, 40, 71, 115, 122
Nita, 122
Noa, 62, 81, 108
Noah, 15, 36, 42, 85, 107, 108, 127
Noal, 63
Noam, 35
Noé, 85, 107, 108, 109
Noël, 63, 64, 85, 93, 120
Noélie, 69
Noëlle, 63, 64, 78
Noémie, 6, 10, 14, 69, 115, 142
Noluenn, 63
Nolwen, 63
Nolwenn, 62, 63

Rana, 81
Raoul, 86, 120
Raphaël, 7, 11, 13, 35, 42, 63, 109, 118, 120
Raphaëlle, 63, 78
Raquel, 130
Raúl, 131
Raya, 81
Raymond, 35, 55, 71, 120, 143
Rebecca, 6, 108, 126, 134
Reece, 127
Reese, 39, 41
Régine, 76
Régnault, 49
Regnier, 49
Reine, 84, 116
Reinette, 23
Reinne, 47
Réjean, 53
Rémi, 11, 86, 120
Rémus, 103
Réna, 81
Renaud, 35, 90, 91, 92, 93
Renaudin, 49
René, 42, 63, 86, 120, 143
René-Charles, 42
Renée, 63
Résa, 81
Resi, 26
Resia, 26
Resli, 26

Reveline, 92
Rhéa, 100, 103
Rica, 81
Ricardo, 131
Riccardo, 135
Richard, 42, 47, 54, 91, 120, 143
Richie, 90
Rieu, 86
Rika, 81
Riley, 39
Rina, 81
Ringo, 35
Rita, 81, 91, 92, 142
Robbe, 5, 15
Robert, 51, 120, 127, 143
Robertine, 76
Roberto, 135
Robin, 15, 41, 49, 51, 73
Robinson, 71
Robyn, 62
Rocco, 42, 86,
Roch, 42, 86, 90, 109
Rodolphe, 120, 123
Rodrigue, 57, 59, 120
Roger, 55, 120, 143
Roland, 143
Rolande, 116
Roma, 81, 139
Romain, 11, 15, 36, 73, 120, 140

Romaine, 36, 100, 116, 139
Roman, 35, 40, 41, 42
Romane, 10, 32, 36
Romaric, 120
Romeo, 42
Roméo, 57, 120
Romuald, 120
Romulus, 103
Romy, 32, 36, 69, 84
Rosa, 22, 27, 32, 81, 130
Rosabelle, 78
Rosalba, 22, 27
Rosalie, 5, 6, 22, 27, 69, 76
Rosalina, 22, 134
Rosalinde, 22, 134
Rosaline, 22, 76
Rosana, 22
Rosane, 27
Rosario, 130
Rose, 6, 22, 27, 39, 40, 84, 116
Rosée, 24, 110
Rosélia, 76
Roseline, 22, 27, 76, 116
Rosemarie, 22, 69
Rosemonde, 22
Rosie, 22, 27, 69
Rosine, 22, 76, 116
Rosita, 22, 27

Index des choix

♀ Filles

♀ Garçons

Mixtes